末路书生

季羡林的学生时代

钱文忠 著

上海书店出版社

在中学时的季羡林

留德时期的季羡林

季羡林在清华大学的毕业照

季羡林和北大东语系同事马坚合影

季羡林先生（摄于北大朗润园13公寓）

季羡林先生（摄于北大朗润园）

1989年，作者与季羡林先生在北大六园南亚研究所

季羡林先生（摄于北大朗润园13公寓）

再版前言

此次出版的拙作《寻路书生：季羡林的学生时代》，系《我的老师季羡林之学生时代》（2009年由中国民主法制出版社出版）的新版，承蒙上海书店出版社再版推出。这本书主要是为尚处学生时代的朋友而写，同时也努力兼顾关注季羡林先生的朋友们的需求。新版做了文字上的部分修订，改进了装帧工艺，使本书得以完善。

季羡林先生所处的时代，战乱频仍，求学殊为不易。先生不畏艰辛，寻路四方，从小村庄走向了大世界，从顽童成长为大家，此中甘苦，让人感怀。回溯先生的学生时代，既是对恩师的追忆，也是对自我的鞭策。先生之风，山高水长，谨以此书纪念敬爱的先师。

钱文忠

2022年7月

目 录

再版前言 　　　　　　　　　　*1*

第一讲　叔父的奇遇　　　　　*1*

第二讲　童年的苦乐　　　　　23

第三讲　顽童初开窍　　　　　49

第四讲　恰同学少年　　　　　73

第五讲　坎坷中成长　　　　　97

第六讲　清华园逸事　　　　　121

第七讲　清华四剑客　　　　　145

第八讲　毕业进行曲　　　　　169

第九讲　理想与现实　　　　　193

第十讲　留学在德国　　　　　217

第十一讲　峰回路转　　　　　241

第十二讲　天高云淡　　　　　271

第一讲　叔父的奇遇

在风景如画的北京大学的校园里,我们经常可以看到这么一位老人,他身穿已褪色的非常老土的藏青色卡其布的衣服,手上捉着一个破旧得像20世纪的手提包,在北大的校园里低头独行。而在他身后的人,只要是骑车的,都会跳下车来,安安静静地扶着车在他身后行走;只要是开车的,都会把速度降到最慢,绝对不会有人去按喇叭打扰他。于是,在北京大学的校园里,我们就经常可以看到,在这位老人身后蜿蜒起一条非常安静的长龙。这位老人是谁?他到底是一位什么样的人?

在北京大学新生报到的时候,我们可以经常看到这么一位老人,他眼光中洋溢着怜爱和喜悦,像一位平凡得不能再平凡的普通工友在校园里东张西望。一位愣头青一样的新生,刚刚到北大来报到,看见这位老人,就对这位老人说:"老师傅您好,我刚来报到,我得去办入学手续，能不能麻烦您给我看着这堆行李？"这位老人仍旧是眼光里洋溢着怜爱，洋溢着一种发自内心的快乐，就会安安静静地在旁边站两个小时，替这位新生看行李。

而往往到第二天，这位愣头青一样的新生，忽然会发觉自己的头都快愣青了，因为他会看到，在迎接新生的北京大学主席台的正中端坐着的正是这位老师傅。这是一位什么样的老人？他又是谁？

在大地银装素裹的季节里，北京大学的校园里已经罕有人迹，学生们都已放假回家，而在北京大学最北头，和圆明园只有一墙之隔的一幢老式公寓的底楼，几十年如一日，在凌晨四点十五分就会亮起一盏灯，这位老人开始工作了。有人讲闻鸡起舞，而这位老人告诉我们，是鸡闻他而起舞。早晨七点多，这位老人已经工作了三个多小时了，他累了，推开书房的窗，忽然看见在白皑皑的雪地上，不知道什么时候，也不知道是谁，用树枝在雪地上写满了美好的祝愿，下面署着各个系，比如英文系、中文系、法律系、经济系、数学系、物理系学生的名字，恭祝这位老人新年快乐、健康长寿。这位老人的眼睛湿润了，这成了北大一道永恒的风景。这是一位什么样的老人？这位老人又是谁？

北大校园里有很多美丽的故事，还有很多非常奇怪的事情。它的奇景之一就还是这么一位老人，他在校园里散步，而他身后居然会有几只猫排成一列，里面有毛色雪白的波斯猫，也有毛色很杂、说不出什么品种的小猫，排着队跟在这位老人身后，陪着他散步。我们只听说过狗会跟从主人散步，有谁听说过猫会跟从主人散步吗？这就成了北大校园里的一道奇景。

而北大校园里的另一奇事还发生在这位老人家身上。有一天，这位老人一扬手，往他住宅前的湖面上撒下了一把莲子，老人就怀着喜悦、平静的心情等待着这把莲子变成荷花。一年过去了，杳无花讯，老人还是以一种非常平静的心情等待着。两年过去了，突然有一天亭亭如盖的荷叶间有了许多含苞待放的荷花，老人笑了。

老人越来越老了，后来就住进了医院。这位老人是最不愿意麻烦别人的，可是他在医院里终于忍不住提出一个要求——出院回北大。他回去干什么呢？他有什么重大的事情要做吗？那簇拥在他身边的秘书、医生、护士当然要问这位老人，而老人还是非常喜悦而平静地告诉他们，我想我的荷花了，我想我的猫了。这是一位什么样的老人？这位老人又是谁呢？

老人淡泊名利，视富贵为浮云，却得到了巨大的荣誉。当这个喧嚣的世界上不少人忙着在寻求所谓的荣誉、桂冠的时候，这位九十多岁的老人却忙着从自己的头上摘下对他来说实际上是实至名归的种种桂冠，辞谢各种荣誉。然而，他摘不下的，他辞谢不了的，却是人们发自内心的由衷的尊敬。这位老人就是我的老师季羡林先生。

季羡林先生被誉为中国文学界的泰斗。这样一位传奇的老人，会有着什么样的人生？他出生在一个什么样的家庭里？又有着怎样的奇特经历呢？

中国帝制年代的最后一年，也就是宣统三年，辛亥年的闰六月初八，我的老师季羡林先生出生了。这个日子应该是公元1911年8月2日，可是不知道怎么弄的，也不知道是谁弄的，也不知道什么时候弄的，这个日子居然被算错了，算成了1911年的8月6日。于是，季羡林先生就干脆将错就错，以这一天作为他的正式生日。所有的正规的庆贺活动也以这一天为准。严谨了一辈子的季羡林先生，却不得不默认自己生日上的一种约定俗成的错误。老人家有时候会嘀咕，说这么一弄，就让我在这世上莫名其妙地少活了四天。这当然是老人家说着玩的。

季羡林先生的出生地是山东省清平县，也就是今天的聊城临清市，一个县级市。他出生在农村——大官庄。在古代，临清市和阳谷县的章丘镇是非常繁华的地方，这里曾经是运河文化主导的地方，和山东别的地区，甚至和中国北方别的地区在文化上有很大的不同。今天的临清，我们依然可以在不经意之间感受到、察觉到、领悟到一度繁华的运河文化留下的踪迹。

在这块土地上，曾经涌现出很多了不起的人物。离我们近一些，大家都熟悉的，抗日名将张自忠将军就是临清人。所以，在今天的临清，有这样一句一直挂在老百姓嘴边的话，老百姓都认同，叫"武有张自忠，文有季羡林"。这两位当然是临清人民的骄傲。

不过我必须提醒大家，季先生的出生地和他小时候生活过的地方是在农村，在官庄，也叫大官庄。所以这跟清平县城的繁华，应该是有很大的距离的。像过去中国许多这种家族一样，这个家族的起源往往也会追溯到了不起的人物，这个我们且不去提他，至于清平季氏，到了季羡林先生那一辈，是有记载的，清平季氏第十代，五里长屯的一个大户人家似乎有过一段辉煌，因为在这个家族当中有人中过举，这在过去是很难得的，大家只要读过《范进中举》就知道，是多么得难得。而这位举人的太太，季羡林先生在小时候还见过，这我们后面会讲。

可是，就季先生这一支的直系而言，很早就已经穷困潦倒。季先生的祖父辈兄弟两人，一个叫汝吉，一个叫秀吉，这大概是一辈子都不见得使用过的学名，现在有多种季羡林的传记，据我所知，几乎没有人知道这是季羡林的祖父辈兄弟两个人的名字。在这些传记里面讲，季先生的祖父的名字叫什么呢？叫季老苔。而季先生的祖父母呢，都没有活过50岁，祖父母足不出县，都没有离开过清平县。他们去世得很早，留下了孤苦伶仃的三个孩子，到了这一辈，已经是赤贫的地步。

为什么这么说呢？我们可以看一下，季先生的父亲，和季先生的两个叔叔，这三个孤苦伶仃的孩子，他们的命运和境况悲惨到什么地步。兄弟三个，老大叫季嗣廉，就是季羡林先生的亲生父亲，他们这一辈堂兄弟有十一个，他在大排行中行七。老二季嗣诚，在十一个兄弟里大排行中行九，他就是后来将季羡林先生抚养长大，并为季羡林先生提供了早期教育机会的叔父。老三大排行十一，连名字都没有，生下不久家里实在是没有能力养活，就把他送给了一个姓刁的人家。而看来这个姓刁的人家境况也不好，所以季先生的另外一个亲叔叔很早就流落关东。他曾经在后来季先生出国留学的时候回来看过自己的哥哥，也就是季先生的叔叔。季先生的儿子还看到过他，后来不知所终。在大排行的十一个兄弟当中，因为贫穷而闯关东的至少有七个，而这七个后来都不知所终，这难道还不足以说明，清平大官庄季家极端的贫困吗？告诉大家的这些还远远不足以说明，请允许我在这里引用一段季羡林先生本人的文章，题目叫做《灰黄的童年》。他在这段文章中，这样说父亲兄弟两个："孤苦伶仃，相依为命。房无一间，地无一垄，两个无父无母的孤儿，活下去是什么滋味，活着是多么困难，概可想见……他们俩有几次饿得到枣林里去捡落到地上的干枣充饥，最后还是被迫弃家（其实已经没了家）出走，兄弟俩逃到济南去谋生。"

这就是季羡林先生的父亲和叔父在少年或者青年时代的状况。

季羡林的父亲和叔父在万般无奈的情况下，只好离开了家乡，到济南去谋生。然而在一个举目无亲的城市里，两个农村来的年轻人，是不是能找到生存的空间呢？

兄弟俩来到了离清平一百多公里以外的济南谋生。不久以后，情况似乎出现了一些非常小的转机，那这是怎么一回事呢？当然，兄弟两个在济南遇到了多少困难，遭受了多少委屈，后人知道得并不清楚。也许是碍于面子，也许是这一段的经历太过凄惨，他们从来没有给季羡林先生讲过。倒是在后来，在季羡林先生叔父晚年的时候，给季先生的儿子讲过。我们今天清楚地了解到，这兄弟两个人在人生地不熟的济南，卖过苦力，拉过洋车，扛过大包，甚至还当过警察，逐渐而艰难地在济南慢慢地站住了脚跟。季羡林先生的叔父季嗣诚先生，还有字，叫做"怡斋""化斋"，这肯定是离开老家很久以后，才起的这么一个很风雅的名字。他是个了不起的人物，尽管没有受过任何正规的教育，但是聪明过人，完全靠自学能阅读大量的古籍，能写文章，能填词作诗，还能刻一手非常好的图章。在济南打工之余，他竟然完全靠自学考上了武备学堂。这个武备学堂，毕业以后可以从事文职，而季先生的叔父学的是测绘专业，所以后来在黄河河务局找到了一份工作，这在当时不能不说是个奇迹。

到了这里，兄弟俩的境况似乎发生了根本的转变，弟弟有了稳定的收入，就按照中国传统的一种模式，进行了兄弟分工，怎么分工呢？弟弟继续在济南工作，挣钱，发展，哥哥回老家，回到山东清平，去支撑季家的门户，其实那个时候恐怕也没有门也没有户了，但是大哥回去了。那么事情是不是就这样发展下去了？这种兄弟分工的结构是不是安稳？季羡林先生，是否就会因此而得到一种，虽然谈不上好，却也勉强可以的出生环境呢？不是，老天不遂人愿，命运经常会作弄人。

先说季羡林先生的父亲，他返回了大官庄的老家，守着仅有的可怜的几分薄地，连半亩都不到，靠着在济南工作的弟弟，时不时地寄一点钱回来，过着非常艰难的生活。但是好像也没有到过不下去的地步，因为不久以后，季先生的父亲还找上了媳妇。至于留在济南的叔父季嗣诚先生，则发誓要混出一个名堂，要衣锦还乡。他的性格非常耿直倔强，认为自己有文化，而且觉得自己才华很高，不屑于当然也就更不善于溜须拍马，不久以后就把黄河河务局里他的顶头上司给得罪了，把这饭碗都给丢了。当时摆在山东人面前这种情况，就还有一条路可走，什么路？闯关东。

季羡林的父亲和叔叔共有十一个堂兄弟，其中七个人都因生活所迫，前后走上了闯关东的道路，都以为闯关东是一条生路，然而，这七个兄弟却从此没了消息。那么，等待季羡林叔父的命运会是什么样的呢？这个奇特的命运又和季羡林有着怎样的紧密关联呢？

于是，季羡林先生的叔父，就像他大排行里的七个兄弟一样，又走上了这条非常艰难的闯关东之路。可是到了东北以后，一切都不如意，工作找不到，生活没有着落，眼看关东之路不仅不是一条希望之路，可能还是一条绝望之路。大概季先生的叔父在内心也做好了这种准备，大概也准备把自己这条命就扔在关东了。

然而就在这个节骨眼上，在这个最紧要的生死关头，一件概率小到不能再小的事情居然发生在季先生叔父身上。这是一件什么样的事情呢？我说它的概率小，究竟小到什么样一个地步呢？百无聊赖的季先生的叔父，上街闲逛消磨时间，信步走到了他寄居的东北的这座城市的南门口。他看到一家毫不起眼的小杂货铺，正在出售湖北水灾奖券，也就是我们今天讲的彩票，他摸摸自己的口袋，里面还有很少的几个救命钱。这有几种说法，一种说法说只剩下一块大洋，还有一种说法说剩下四块大洋，我从来就没有听到过有说他剩下超过五块大洋的时候，反正就剩下这么点救命钱了。而就在这一刻，季先生叔父显现出了山东人的性格，他居然咬咬牙，拿出最后这点钱买了两张奖券。

现在也有不少人买奖券，买彩票，但是我想绝大多数人就是买买而已了，谁都不会真的指望着天上掉馅饼，还就砸在自己脑袋上。季嗣诚先生，也就是季先生的叔父，当然也不能例外，也不会把这个彩票太当回事，过了几天工作还是没有找到，照例还是上街闲逛。我们一般逛，在一个陌生的城市里，我们要没事，我们肯定是逛不同的路吧。今天逛这一条，明天逛那一条，多看看这个城市嘛。可鬼使神差，季先生的叔父居然在这一天，照模照样就走了一遍他那天买彩票的老路，突然一抬头又看见那间小杂货店，再一看这个杂货店上挂起了巨幅的横幅，祝贺本店售出头奖。头奖就在这个店里卖出去了，这对这个小店当然很重要，它要招徕今后买彩票的人，就做了一个横幅，上面用很大的字写出了头奖的号码。这个时候，季嗣诚先生才想起来，前两天好像是买过两张彩票的，一摸口袋没带，赶快跑到他寄居的朋友家里，翻出奖券来一对，他觉得其中有一张号码有点像，赶紧跑回去，在横幅底下一字一字地对，千真万确，他居然中了个头奖，不仅天上掉馅饼，而且还就砸到了这个濒于绝境的季先生叔父的头上。我想在座的不知道有没有中过头奖，这概率还不小吗？

季羡林先生其实是一个蛮有幽默感的人，但是他很少开玩笑，就在和我谈到这件事情的时候，老人家说出了一句绝对幽默、绝妙的话，老人家怎么说呢？他说文忠呀，这样的事情一辈子能遇见一次，就不算少了。

季羡林的叔父做梦也没有想到，天上掉馅饼的事情居然能发生在自己的身上。那么，这个头奖究竟是多少钱？这笔钱能不能彻底改变兄弟二人的命运呢？

这个头奖数目究竟有多大呢？有两种说法，一种说法是六千两银子，还有一种说法是四千大洋。大家可能没有什么概念，我随身给大家带了一块当时的大洋。这就是当时的大洋，银圆，一块钱，这一块大洋多重？七钱二分到七钱四分白银，这是一块大洋，大家不要拿我们现在一块人民币或者一块钢镚去比，最少四千块这样的大洋。在晚清末年，乃至在民国早年，大家可知道一个警察一个月的工资多少钱？大家看过《我这一辈子》吗？四块大洋，一个月的工资。北京大学图书馆的管理员多少钱？六块到八块大洋，一年也挣不到一百块，而季先生的叔叔中了起码四千块大洋。先不说这个数字，重量就得有几百斤，一块大洋七钱多，就中了这么几百斤的白银。这难道不能说是一笔巨款吗？这在当时绝对是一笔巨款，当时的一两千块大洋足够可以在北京城里买一个非常好的四合院。如果没有这一笔钱，季先生的人生道路会是怎么样的呢？我觉得我们是不能想象的。

季嗣诚先生意外中了头奖以后，又遇见了什么样的情况呢？他是怎么来处理这笔做梦都想不到的飞来的横财呢？兄弟俩当年的计划还会继续下去吗？这个计划是不是会发生什么变化呢？我们知道，中奖的时候，就是在离季先生出生大概一两年的时间。那么，这笔巨款是不是为就要来到这个世间的季羡林先生准备了一个起码在物质上、在经济上很富足的童年呢？

得到这笔奖以后，我想这是每一个中奖者都会碰到的情况，消息飞快地传播开去，一个从山东流落到东北闯关东的人，居然把我们这儿的头奖给中了，朋友们，原来熟悉的或者原来根本不熟，或者原来压根儿也不是朋友的人，现在都说是朋友，都登门来祝贺。不过同时，开口借钱的人也就越来越多，奖金的数量虽然是一个天文数字，却也实在经不起这样的消耗，再说这么大一笔巨款是怎么送到季先生叔父寄居的朋友家呢？是用手推车推去的，推了几车这个大洋，这绝对是现银，咱们现在讲的现金，是现钞，是一堆堆纸，而那就是一堆堆银子。这么大一笔巨款放在寄居的朋友家里也实在是不安全，季先生的叔父是一个非常精明的人，他一看大事不妙，就赶紧酬谢了他寄居的那个朋友，将钱悄悄地汇往济南，自己随即赶回了济南。

季羡林的叔父闯关东的收获不小，他不仅回到了济南，而且还带回了一笔巨款，他将会如何使用这笔巨款？而这笔巨款，对于尚未出生的季羡林，又有着什么样的影响呢？

季羡林先生的叔父，就带着这么一笔钱，回到了济南。我们可以想象，他闯关东的时候还根本没成家，是一个光棍，回到了济南，有了那么大一笔钱，打通关节，再回到黄河河务局上班，就不是一件难事了。不久以后，他在济南娶了一位叫马乔清的姑娘为妻，也就是季先生的第一个婶母。这个马家在济南还是有一定地位的，既然成了家又有了钱，季先生的叔父，就租下了马家的一套房子，在济南南关的一个小四合院。而就因为租的这一套房子，又在二十年后，缔结了另外一段姻缘。这个院子的后院，住着一户姓彭的人家，而这位彭家的闺女彭德华，在二十年以后，就成了季羡林先生的夫人，也就是我的师母。这是后话。

我们要关注的，还是弟弟的经济状况发生了天翻地覆的变化以后，对已然回到老家的哥哥有什么影响？我们前面提到的计划，以什么样的一种形态推进下去？这么一笔意外之财，真的能够改变什么吗？

第二讲　童年的苦乐

季羡林先生的父亲和叔父出生在一个贫穷的小乡村，家里房无一间，地无一垄，季羡林的叔父因生活所迫，只身去闯关东。就在叔父找不到工作，濒临绝境之时，他用身上剩下的最后几个银圆买了彩票。而奇迹竟然发生了，季羡林的叔父中了头等奖，那是一笔巨款。季羡林的叔父将大部分钱寄给了在家乡的哥哥，希望能够用这笔钱来光宗耀祖。这笔天上掉下来的财富，能不能彻底改变季家兄弟的命运？当季羡林先生出生时，为什么家里是一贫如洗？在季羡林先生的童年生活中，有哪些辛酸？又有哪些快乐？

季羡林先生的叔父季嗣诚先生，在濒于绝境的时候，意外地在东北中了一个湖北水灾奖券的头等奖，意外地得到了一笔巨财，而当他把这些钱全部寄回济南的时候，他的心目当中放在首位的，一定是兄弟两个曾经商量好的这个计划。季先生的叔父把大部分的钱寄到了老家，寄给了他的哥哥，也就是季羡林先生的父亲。这些钱寄回去干什么呢？对中国的传统略有所知的人都知道，无非是八个字：买地，建房，光宗耀祖。

季羡林先生的父亲，在得到了弟弟寄回来的这么大一笔钱以后，他是怎么去使用的？也就是说，他是以什么样的方式去买房建地，光宗耀祖？大家也许会问，难道花钱还能有什么特别的吗？顶多不就是大手大脚吗？还不是。

季羡林先生的父亲，也不是一个一般的人，他在使用这笔钱的时候，就用了一种我们常人无法想象的办法，他是怎么用的呢？那先让我们看看他是怎么买地的？

他一出手就不同凡响，在当地买下了最好的六十亩水浇地。如果我们对临清有所了解的话，就会知道那里的水源是很珍贵的，而这六十亩的水浇地，还附带着一口非常好的水井。也许大家会讲，这买地买得对啊，因为这六十亩地，可以作为不动产传给子孙，同时这个地好，每年的出产量就高，那岂不是一件很好的事情吗？是的，大概季先生的父亲在使用这笔钱的时候，也就做了这么一件我们还可以认为是合理的事情。

接下来我们就要看看他怎么建房的？

季羡林的父亲是一个心气非常高的人，他不造则已，一造就下决心全部要建大瓦房，就等于说建一个农村大宅院，它是三合院，不是四合院。在清平这样一个当时非常贫穷的地方，基本都是土坯房，哪里一下子能找那么多砖瓦呢?你要盖砖瓦房,砖瓦何来呢?季羡林先生的父亲的做法那简直是匪夷所思,他把银圆换成铜钱,在农村,一块大洋,是很大的一个钱,很难用的,必须把它破成零钱,破成我们都见过的那种小铜板,他叫人一车一车地把铜钱推到村里,然后说,你们谁有砖瓦房,把你们的砖瓦房给扒了,把那个砖和瓦卖给我,我出十倍的价钱。他这么干。

于是这个五间大瓦房顷刻之间飞快地造了起来。我想,季羡林父亲这么做,也有一种出一口气、争一口气的想法,因为他们兄弟两个在老家的时候,应该是非常清楚世态炎凉,也应该遭受了不少人的白眼。所以他把造房这件事情看作是争一口气的事情。这口气毫无疑问是成功地争到了,但是这笔钱也消耗了很多。这是买地和建房。那么接下来还做了哪些光宗耀祖的事呢?

季羡林的父亲为了争一口气，竟然花费了超出十倍的价钱来盖房。那么接下来，季羡林的父亲又会以什么样的办法来光宗耀祖，而父亲所做的这一切，又会对季羡林的出生，带来什么样的影响呢？

那么，季羡林先生的父亲，是怎样来光宗耀祖的呢？这笔钱在当时的清平，的确是个天文数字，季羡林先生的父亲，买完地，建完房，以如此奇怪的方式完成了这两项事情以后，这笔钱还有相当的剩余，于是季羡林先生的父亲就开始策划如何光宗耀祖。

在离老家大官庄不远的地方，有一个集市，就是农村赶集的集市。在过去，兄弟两个连肚子都吃不饱，只能去捡掉到地上的干枣来充饥的时候，当然是不可能去逛集市。现在不一样了，弟弟中了一个头奖，兄弟两个有钱了，当然可以去逛逛集市。问题是季羡林先生的父亲他不是一般的逛，他也不仅仅是经常的去逛，他逛到这个集市上以后，一高兴就会宣布，今天来逛这个集市的各位父老乡亲，吃好，玩好，今天你们在这儿吃的酒钱、饭钱、肉钱都包在我季七爷的身上，因为他大排行里面排第七。这是类似梁山好汉的性格，我们知道梁山离季先生老家也不是很远。

随着季七爷的名声越来越响，似乎是可以光宗耀祖了，季七爷的钱包也飞快地干瘪下去。季先生的父亲请客请到什么地步？也许大家不能想象，在多年以后，季羡林先生那个时候已经到济南了，他父亲去世的时候，他回老家奔丧，附带着替自己的父亲偿还他请客的酒钱，一共偿还了多少，咱不知道。就知道光是花生米，就还欠着二百多大洋。二百多大洋能买多少花生米？你说他是豪爽的性格也好，你说他是一种过激的性格也好，体现得淋漓尽致。

更要命的是，季先生的父亲，在那一段时间，迷恋上了赌博，就这样，在短短的一到两年的时间里，绝对不超过三年，几管齐下，就把弟弟寄回老家的那笔巨款，不仅折腾了个精光，而且还落下了一身的债务。远在济南的弟弟已经成家，虽然有了一份工作，却也不可能有太多的钱寄回来接济这位哥哥，这就是我们讲的所谓"救得了急，救不了穷，更救不了命"。我们在这里讲的命就是指性格所决定的命。

季先生的父亲和叔叔性格是截然不同的。那六十亩上等的水浇地，带那口水井，顷刻之间变换了主人，当然这个价格不能与买进的时候比，因为他卖的时候很急，赶紧要卖，那价钱是天壤之别；那五间砖瓦的房子，顷刻之间又拆掉了，留下一间西屋，把这个砖瓦再卖给人家，而这个价钱当然也是天壤之别。

季羡林先生，多次用四个字来形容父亲的这种做法和性格。哪四个字呢？荒唐离奇。短暂的富贵就好比是眼前稍纵即逝的浮云，消散在虚无缥缈的天际，留下的只有悔恨、茫然、无奈、苦涩的影子。等季羡林先生来到人间的时候，苦难的命运，再一次降临到清平季家的头上。

在这个世界上，等待着季羡林先生的当然不会再有六十亩水浇地，也不会再有五间大瓦房，等待他的只有一贫如洗。

也许正应验了中国民间的一句俗语，钱财这东西，来得快，去得快。突然而至的财富，很快地消失了，叔父中奖得到的巨款，并没有能够为季家光宗耀祖，而在这个时候出生的季羡林，将面临一个什么样的生活呢？

季羡林先生的童年是什么样一个情况呢？那时候家

里，仅仅剩下了三分地，这三分地连季先生都不知道是怎么留下来的，是从哪儿来的？而紧接着季先生来到人间的，还有两个妹妹，一家五口人，就靠三分地活命。季先生的叔父，虽然偶尔会有一些接济，但是天上永远也不会有第二块掉到自己头上的馅饼，这个事情不能再想了。

在今天，吃的食物难道还会是孩子们的一个问题吗？我想肯定不是，可是季羡林先生用来形容他童年时代的吃上的词，只用了两个字。我们知道季羡林的文笔是非常好的，他的词汇是非常丰富的，而用在形容他幼年时代的吃，永远只用两个字。什么字？极坏。吃得极坏，坏到什么地步呢？季先生是用颜色来区别他所吃的东西的，是用颜色来判定他所吃的东西的好坏的。这些颜色和艳丽无关。一年四季吃的是红高粱饼子。我曾经在季羡林的老家问当地的人，你们还种高粱吗？现在的临清连高粱都没人种了。但据季先生的描写,"色如猪肝",它像猪肝一样,这种褐红色,又苦又涩,难以下咽。小米面,或者是棒子面做成的饼子,季先生用一种颜色来形容,叫"黄的"。而这个"黄的"是一整年都吃不到几次,至于小麦面的饼子,或者说馍、馒头,季先生也很简单,把它叫"白的"。而这个"白的",几乎就是稀世珍品,凭着季先生自己的家境是想都不敢想的。

那么有什么办法,才能让童年的季羡林先生,吃上一口"白的"呢?无非两种途径,一种是长辈出于怜爱的赐予,我们前面提到过,季先生的家族出过一位举人,这位举人是季先生祖父的堂兄,关系已经比较遥远了。季先生出生的时候,这位举人老爷已经去世,但是举人老爷的夫人依然在世。这位老太太自己的孙子夭折了,她跟季先生有缘,所以格外地疼爱喜欢童年的季先生。她每天都会留下四分之一个,或者半个白面的饼子,等着童年的季羡林先生。季羡林先生写过一篇非常有名的散文,题目叫《赋得永久的悔》,里面有这么一段文字:

"我每天早晨一睁眼,立即跳下炕来向村里跑,我们家住在村外。我跑到大奶奶跟前,清脆甜美地喊上一声:'奶奶!'她立即笑得合不上嘴,把手缩回到肥大的袖子里,从口袋里掏出一小块馍馍,递给我,这是我一天最幸福的时刻。"

读到这一段文字,我不知道大家的感想怎么样?对我来讲,一方面能感受到这种大家族的心情,但另外一方面,更深的是一种辛酸的感觉。能够吃到"白的",另一个途径就是劳动,你必须自己劳动。小小的季羡林先生，在母亲的带领下，在人家收割完了以后，就要到村内或村外有地的人家的麦子地里，去捡麦子。在我们现代人看来，或者现代年轻人看来，这是非常浪漫的一件事情，可对于季先生来讲，没有丝毫浪漫可言。人比麦子高不了多少的童年季羡林，一个夏天下来，大概可以捡上十斤八斤的麦穗，然后由他的母亲，用手——麦穗太少，不值当上打麦场——把麦粒外面的皮给搓掉，不知道怎么样弄成粉，蒸成死面的饼子让自己这个心爱的独子，能够吃一口"白的"。这个"白的"，对季先生珍贵到什么地步呢？有一次他的妈妈，大概因为白面多，就多做了几个饼子，给了季先生一个，季先生吃了一个当然不过瘾，这很难吃到嘛，就趁他妈妈不注意偷了一个，被他妈妈发现了，就追着要打季先生。请大家想象这么一个场景，季先生手上举着吃到一半的饼子，后面有妈妈追着，季先生怎么办呢?他跳到一个水坑里,站在水坑中间把这个饼子吃完。

今天的孩子们也许无法想象,一块死面的饼子,在童年的季羡林眼里是多么地好吃。而现在孩子们吃的各种各样的食物,更是当年幼小的季羡林想都不敢想的。那么,在季羡林先生的童年记忆里,最好吃的是什么东西呢?

童年时代的季羡林,关于吃的记忆最刻骨铭心的是一小块月饼和一土罐牛肉汤。在某一年的秋天,季羡林捡麦子的成绩"超常",捡得特别多,季先生的母亲不知道从哪里搞到一小块月饼就给季羡林先生吃。在母亲慈爱的目光下,季羡林先生是怎么吃的呢?这是季先生的原话:

"蹲在一块石头旁边,大吃起来。在当时,对我来说,月饼可真是神奇的好东西,龙肝凤髓也难以比得上的,我难得吃上一次。"

至于肉类,在季羡林童年的记忆当中,几乎是空白,他几乎没有关于肉类的记忆。

那么,这一土罐牛肉汤,又是从哪里来的呢?有一次,季先生的母亲,我们后面会讲到这位伟大的母亲,带着季先生回娘家,季先生有这么一段回忆:

"老娘家穷,虽然极其疼爱我这个外孙,也只能用土罐子,花几个制钱,装一罐子牛肉汤,聊胜于无。记得有一次,罐子里多了一块牛肚子。这就成了我的专利。我舍不得一气儿吃掉,就用生了锈的小铁刀,一块一块地割着吃,慢慢地吃。"

这只不过是一块小小的牛肚,对于童年季羡林先生而言,居然珍贵到如此地步。而实际上,季先生小的时候,家里的贫困程度还不止于此,还能怎么穷呢?家里根本没盐,就穷到连买盐的钱都没有。那怎么办呢?他就把盐碱地上表面一层浮土扫起来,放到破锅里煮一煮,煮出来的水是带有咸味的,就用这个咸味去腌渍咸菜。季先生到老都忘不掉,这又苦又涩又咸的感觉。家境已经艰难到如此地步。

夏天的季羡林没有衣服穿,是赤条条一丝不挂,他整天和小时候的伙伴泡在村子南面一个大水坑里,这个大水坑今天已经没有水了,但这个坑还在。

童年,用季羡林先生自己的话来说,是灰黄色的,那是季先生故乡土地的颜色,也是他对童年回忆的主色调。但是在这一片几乎是令人窒息的灰黄色的回忆里,却有那么一道最亮丽、最永恒的风景,永远留在了季羡林先生的心里。是谁有那么大的力量?是谁让季羡林先生写下了那么多感人至深的、催人泪下的文字?是谁占据了季羡林先生那么一大块的生命?

季羡林先生的不少文字,作为弟子的我曾反复阅读。而惟有这些文字我一方面很喜欢读,而另一方面又实在害怕去读,那一种刻骨铭心,那一种魂牵梦萦,那一种历久弥深,让我心悸,也让我非常悲怆。那绝对不是一个感动就可以来了结的。那就是关于季羡林先生的母亲的部分。

人们常说,母亲是孩子的第一个老师,母亲的影响,直接关系着孩子将来会成为一个什么样的人。那么,季羡林先生的母亲是一个什么样的女人?她能否识文断字？她是不是大家闺秀？为什么在季羡林先生的心里，她是一位最伟大、最完美的母亲呢？

季羡林先生的母亲家姓赵，极度贫苦，季羡林在《赋得永久的悔》里写道："她家里饭都吃不上，哪里有钱、有闲上学。所以我母亲一个字也不识，活了一辈子，连个名字都没有。她家是在另一个庄上，离我们庄五里路。这五里路就是我母亲毕生所走的最长的距离。"

也就是说，季先生的母亲不要说县城了，连镇上都没到过，她一辈子走的路就是从自己的娘家走到自己的夫家，这段路只有五里，而这五里就是季羡林先生的母亲一辈子走的。

季羡林先生在年老的时候，提到那一小块月饼的时候，我们前面提到过，他写道："现在回想起来，她根本一口也没有吃。不但是月饼，连其他的'白的'，母亲从来都没有吃过,都留给我吃了。她大概是毕生就与红色的高粱饼子为伍。到了歉年,连这个也吃不上,那就只有吃野菜了。"

这就是季先生的母亲,而且这位伟大的母亲,为了自己这个独子的前途,还默默地承担了别样的彻心彻肺的痛苦。

我们下面马上就会讲到,季羡林先生在六岁的时候就离开了自己深爱的母亲,离开了自己的家乡。还是在《赋得永久的悔》里,季羡林先生写下了这么一段文字,我坚信这是季羡林先生用泪水写成的;我坚信这是他断断续续抹着眼泪写成的。写这篇文章的时候,季羡林先生已经是八十三岁高龄了,距离母亲的去世已经六十年,整整一个甲子,时间过去那么久,让我们看看季羡林先生对母亲的回忆:

"现在我回忆起来，连母亲的面影都是迷离模糊的，没有一个清晰的轮廓。特别有一点，让我难解而又易解：我无论如何也回忆不起母亲的笑容来，她好像是一辈子都没有笑过。家境贫困，儿子远离，她受尽了苦难，笑容从何而来呢……我暗暗下定了决心，立下了誓愿：一旦大学毕业，自己找到工作，立即迎养母亲。然而没有等到我大学毕业，母亲就离开我走了，永远永远地走了。古人说'树欲静而风不止，子欲养而亲不待'，这话正应到我身上。我不忍想象母亲临终时思念爱子的情况；一想到，我就会心肝俱裂，眼泪盈眶。当我从北平赶回济南，又从济南赶回清平奔丧的时候，看到了母亲的棺材，看到那简陋的屋子，我真想一头撞死在棺材上，随母亲于地下。我后悔，我真后悔，我千不该万不该离开了母亲。世界上无论什么名誉,什么地位,什么幸福,什么尊荣,都比不上待在母亲身边,即使她一个字也不识,即使整天吃'红的'。"

季先生在这篇文章最后一句话是"这就是我的'永久的悔'"。我从1984年,在季先生七十三岁的时候,就开始追随先生。多少次,只要谈起母亲,还不一定是谈起季先生的母亲,只要有别的人谈起母亲的时候,季先生就会控制不住他的泪水。中国有一句成语,叫老泪纵横,我第一次见证了老泪纵横,就是看到季先生在讲他母亲的时候,完全控制不住的这种泪,那时他八十多岁了。

2001年,我和很多人一起,陪着九十岁的季羡林先生,回到当年的清平,也就是今天的临清。时光过去了大半个世纪,临清当然不再是童年的季先生生活过的苦难的清平了,已经在现代化的道路上大踏步地前进着。可是,时间的流逝,只能使得深藏在季羡林先生心目当中对母亲的爱更加深沉,更加强烈。在那次回乡的时候,在季先生的父母非常简陋的坟墓前——就是一个土堆,一块很简单的坟墓——已经享有了人世间一切荣誉的、身名俱泰的、名贯中西的大学者季羡林先生下跪,他老泪纵横,在母亲的坟前,恭行叩首大礼。而随着他去的晚辈、弟子当然是跪下一片。当时陪同他的有很多人,很多是地方的领导,都完全没有想到,九十岁的老先生就这样哭倒在母亲的坟前。也许这会让很多人感到惊讶,甚至是不解,但是我能够理解,而且我坚信,这是中华民族最优良的传统。

季羡林先生的母亲和父亲一起长眠在家乡的小村旁,她没有照片,甚至没有名字,但我们应该感谢这位伟大的母亲,她就像中国千千万万普通的农村妇女一样，用自己质朴的生命和无私的爱，传承着中华民族的精神，养育出了中华民族的精英。在那样贫困的生活之中，童年的季羡林是不是从小就立下了宏图大志呢？

童年、少年时代的季羡林，那是少年不识愁滋味，年幼的他也没有鸿鹄之志，季先生不像我们想象的，从小就有远大志向，长大了要当科学家，要当总经理，要当外交官。当时没有这些想法的，他就是贫困的农村里最平凡的一个孩子。他最喜欢的事情也不是像今天的年幼孩子一样看看动漫，打打游戏机，逛逛公园，吃吃麦当劳。没有类似的事，他最喜欢做的事情也不过是黄昏以后，躺在泥土地上，数天上的星星玩，练自己数数。夜晚和他的小伙伴用非常奇怪的方式抓知了，他怎么抓的呢？他在柳树下点一堆火，然后跟小伙伴一起拼命地晃动这棵柳树，把树上的知了摇落到树下，掉到这个火里，他是这么抓的。这个抓法，我在别的地方没有看见过,很奇怪。然后就是赤条条,光着身子,在泥水坑里玩水。

尽管家境差到如此的境地,季先生的父母居然还想方设法替季羡林先生找了一位老师。因此,一代学术大师,一代学术泰斗,他的启蒙教育,就是在清平县一个非常穷苦的农村——大官庄开始了。那时季先生还不满六岁,季先生一辈子都记得,自己的这位启蒙老师的名字,叫马景恭,季先生后来一再地提到这位老师。那这位老师教给季先生什么了吗?连"三、百、千"都没有教,什么叫"三、百、千"呢?就是《三字经》《百家姓》《千字文》。

这是过去儿童的启蒙教材,可见这位马老师可能本人识字也不多,但是他毕竟教会了季先生认了他人生最早认得的几个字。

虽然家里一贫如洗,但是季羡林先生在六岁时还是开始认字了，如果季羡林先生一直生活在这个小乡村，仅仅跟随这位自己也识字有限的马先生学习，是不可能取得后来如此辉煌的成就的。那么季羡林先生是怎么离开家乡的呢？

今天看来，我们不能不承认，在季羡林先生的一生当中，有很多非常神秘的、独特的机缘结合在一起，都降临到他的人生路途上。大概在季先生六岁那年，也就是1917年，济南政局动荡，当时军阀混战，战乱眼看着就要起来了。而在老家的季羡林先生的父亲，非常担心在济南的弟弟，兄弟情深。于是就向人借了一辆马车，赶着马车进济南，打算把自己弟弟一家接回老家农村去避难。到了济南一看，发现弟弟不能走，因为弟弟正好在黄河河务局上班，根本躲不开。于是季羡林先生的父亲，就是这位被季羡林先生称为"荒唐离奇"的父亲，但是我们不能否认，在季羡林先生的父亲身上有种出众的胆气，有一种侠气，更不必说是对自己的亲弟弟了。季先生的父亲一看这种情况，二话不说就把自己的弟媳妇，和比季先生只小几个月的，季先生的堂妹，用借来的马车接回了老家。而就是这么一次接亲避难，正是这么一次兄弟间真情的流露彻底改变了季羡林先生的人生轨迹。那么，接下来季先生的道路是怎么样的呢？他前面的人生旅途又会呈现出一种什么样的姿态呢？

第三讲 顽童初开窍

季羡林先生的父亲在很短的时间内挥霍光了季先生叔父中大奖得到的巨款。当季羡林先生出生时,季家又陷入了一贫如洗的状态。儿童时代的季羡林,在农村过着非常贫困的生活,虽然有母亲深沉的爱,有一位马先生教他,学会了几个字,但是在这样一个小乡村,是不可能受到良好教育的。季羡林的叔父没有儿子,就将年仅六岁的季羡林,接到济南去上学。可是年纪尚幼的季羡林,在农村过惯了无拘无束的生活,受不了老师的管教,他不仅调皮捣蛋,还经常闯祸。然而,在小学阶段,发生的几件事情,使渐渐长大的季羡林,开始发生了巨大的变化。小学期间究竟都发生了一些什么事情?这些事情对于季羡林先生的一生又有着怎样重要的影响呢?

1917 年,由于当时的济南战乱将起,季羡林先生的父亲不放心自己在济南的弟弟，就赶到济南，把他的弟媳妇和季羡林先生的堂妹接回老家避难，而就是这一场接亲避难，开始彻底改变了季羡林先生的人生轨迹。

季羡林先生的婶母到了大官庄老家，在她眼里看到的季羡林先生——自己的这个侄儿，是什么样的一个形象呢？浑身是泥，上树爬墙，追逐嬉戏，顽皮得不得了。那么在季先生堂妹的眼里，自己这个堂哥是个什么样子呢？他堂妹讲，整个就是一个泥猴的形象。季先生的婶母看到这一幕场景以后，就跟季先生的父母商量，由于自己没有儿子，看见自己这个侄子在农村这样下去，恐怕难有出息，还是让他跟着我到济南去吧。那是在春节前夕，六岁的季羡林先生，在父亲的陪伴下，坐着驴车走了两天的路，赶到了济南，投奔自己的叔叔。我们前面已经非常简略地介绍过，季先生的叔父季嗣诚先生，大家已经可以看出来，这绝对不是一个普通的人。他自学成才,没有受过完备的教育,当时在济南,他固然称不上大富大贵,但是和老家的哥哥的状况比起来,那是好得太多太多了。

年仅六岁的季羡林,来到了济南叔父的家里,他的命运从此发生了巨大的转变。季羡林先生的叔父,虽然没上过几年学堂,但他不仅勤奋好学,而且为人正直耿介,那么季羡林先生的叔父,会对年幼的季羡林产生什么样的影响呢?

更加难能可贵的是,季先生的这位叔父,他凭自学所掌握的文史知识,还是很有造诣的。季先生到老都记着他叔父写过的一首诗:

"杨花流尽菜花香,弱柳扶疏傍寒塘。

蛙鼓声声向人语,此间即是避秦乡。"

同时,他的叔父还笃好理学,信奉并且追随宋明理学,自己亲自编选理学文章,专门用来教育季先生,这部教科书就是《课侄选文》。他命季羡林先生诵读背诵这些古代非常著名的文章,我们已经知道季羡林的父亲是一个什么样性格的人,而他的叔父则平时闲来无事,正襟危坐在阅读什么?《皇清经解》。《皇清经解》是一部清代研究儒家十三经的经学论著的汇编。季先生曾经说过,他小时候怎么觉得自己叔父那么滑稽,在看那么高深的东西,正襟危坐,威仪俨然。

叔父自己没有儿子,于是就对季羡林先生抱有巨大的期望,他不仅要兄弟两个乃至于他们季门大排行十一个兄弟当中这根唯一的独苗有文化,还希望他能超过自己,为祖宗争光。为了这个目标,作为叔父的季嗣诚先生，毫无疑问花费了比季先生生身父亲要大得多得多的心血。他不惜花费，尽量为季羡林先生提供当时所能提供的优越的学习环境，当然，这位侄儿后来竟然取得了如此巨大的成就，我想这是季嗣诚先生连做梦都想不到的。

常言道三岁看到老，还有一句话，叫少时了了，大未必佳。

我经常暗自琢磨，这些民间总结出来的话，往往是很灵验的，这是人们几千年智慧的结晶。可是怎么这些话，一放到季先生身上，就完全失效，没用呢？为什么这么说呢？因为无论从哪个角度来看，童年、少年时代的季羡林先生，实在很难说是一个符合教师要求的好学生。勤奋好学和少年的季羡林先生根本不搭边。调皮捣蛋，嬉戏胡闹，少不了季羡林先生，都有他的份。想象力就算再丰富，倘若要从初中以前的季羡林先生身上，看到今天作为学术泰斗的季羡林先生,哪怕是一丝一毫的影子,那基本上都是痴人说梦,都是完全看不出来的。

季羡林先生从出生到六岁,一直生长在农村,生活虽然贫困,但在母亲的关爱下,却也无拘无束,高高兴兴。如今突然离开父母来到城里,而且被叔父送进学堂,他当然很难适应,那么小学时期的季羡林先生,会是一个什么样子呢?

那时候的季羡林先生,令老师头痛到什么地步呢?让我来给大家介绍一下。少年时代或者小学时代的季羡林先生,应该说到了济南,才正式上学。他进的新学堂,是他叔父的一个朋友开办的一间私塾。私塾的规矩很严,比学堂严,可是刚刚从穷乡僻壤来到城里的季羡林先生,脑子里压根儿就没有规矩两个字，什么都不懂，把叔父的朋友，吓得再也不敢教他。叔父一看这个样子，只得把季羡林先生送到了新式小学——济南第一师范小学。季羡林先生到现在还记得他小学时候读过的白话课文，他老忘不了有两句诗，是他当时读过的白话文诗歌，什么诗呢？叫"大明湖上逛逛，仙人桥上望望"，季先生一直觉得很滑稽，这间小学开始教很多寓言，很多童话神话故事，这是在传统教育里没有的。岂料就是这一个寓言，引发了一场不大不小的风波，这个我在后面再讲。

在一师附小，季羡林先生顽劣如故，学校规定要写毛笔字，他就和同学互相往脸上涂墨汁。他一涂，还经常忘了擦掉，脸上留着墨团就回家，被他的婶母抓了个现行，赖都赖不掉。不仅在学校里这样，回家以后还乐此不疲。他让自己的堂妹，为他画胡子，换来的条件是什么呢？让堂妹允许他在她的脸上画画。他就乐此不疲地在他妹妹脸上画画。季羡林先生的兴趣完全在玩上面。他还自己动手制作玩具，什么玩具？就是拿一个铁条弄一个圈，弄一个钩，推这个圈，在济南的街上跑，而且据说技术很高。晚年季先生告诉我，当时他推得很好。

在读小学的时候，季羡林先生居然还开始成功地做了几次小买卖，他怎么做的呢？他把婶母给他的一些零花钱攒起来，在上学的路上，看见有卖花生的一个铺，就买一大包花生，然后把它分装成小包，到学校里加价卖给自己的同学，赚了点钱。

可是不久以后，季羡林先生又不得不离开一师附小，他又转学了。

幼年时的季羡林先生，已经显现出他的聪明，只不过这些聪明，都没有用在学习上。他因为调皮捣蛋，而从私塾转到一师附小,如今为什么又必须转学?是不是淘气的小季羡林,又闯了什么大祸?

这一次倒不是因为季先生闯什么祸,而就是我讲的白话文闯的祸。为什么这么说呢?当时的小学课本里有一篇寓言,叫《阿拉伯的骆驼》。这个寓言大家都知道。说的是有一个帐篷,里面有一个阿拉伯人。外面有头骆驼,跟里面人说我冷,你能不能允许我把头放进来,行,头放进来了。完了以后,又说能不能让我把身子放进来呀,这骆驼把身子搁进来,就把那人挤出去了。这我们小时候都读过,季先生难得好学,因为他大概觉得这个寓言实在是小孩子喜欢的啊,他就高声地朗诵,念了一遍又一遍。照道理来讲,他叔叔看见那么顽劣的侄儿,居然开始念书了,岂不是好事?哪知道不是,他叔叔暴怒,他叔叔为什么暴怒呢?说胡闹嘛,骆驼怎么能说人话呢，这个学校不能念了，转学，转学！于是就把季先生给转走了。到了后来白话文越来越普及，连乌龟、蛤蟆都开口说话了，他叔叔再也没提过意见。

为了一头骆驼，就将季羡林先生转到了新育小学，就在这一次的转学过程当中，又有一头动物进来瞎掺和，也许大家会说有这样的事吗？我告诉大家还就有这样的事。季羡林先生这一生当中，有很多很奇怪的事。那时候的转学手续远远没有今天这么复杂。老师拿一张纸，写几个字让学生念，这个字有难易之分，根据这个来判定你的水平，然后才决定是否转学，该读几年级。这些字里面有一个"骡"字，季先生不知道怎么认识这个"骡"字，就直接被安排读高小一班，跟季先生一起转学的，有他一个亲戚，比他还大两岁，因为不认识这个"骡"字，被安排在初小三班，差一年。大家可别小看这一年，可别小看这一个"骡"字，对季先生的命运，带来了重大影响。没有这一年，以后就一步错、步步错，也就是说，十多年以后的季羡林先生，赶不上本来就非常偶然的，留学德国的机会。

学校是换了一个，可是季羡林先生调皮捣蛋的个性丝毫没有改变，而且变本加厉。他用小刀在课桌上刻花，在课本上画小人头，那都不值得一提，这对他都是小事。季羡林先生在小学时代，突然开始喜欢打架，他打架的时候是抱着双拳，闭着眼睛，一副滑稽的样子，本来咱们都不知道。但是在季先生的小学同班同学当中，出了一位非常著名的文学批评家李长之老先生，这位教授到老都记得，自己小时候的同学季先生打架时候的滑稽样子。

季先生因为个子小，岁数小，被人欺负，但是他一直要把欺负他的人，打服了为止。而且，他还主动去欺负别人，他自己也承认。他还记得，被他欺负的那个同学的名字,如果那个同学还活着,比季先生要大一点,将近一百岁了。一直把人家欺负到没办法了,人家的家长告状,告到他叔父、婶母那里。更加严重的是,小学期间的季羡林,居然还组织策划轰老师,要把老师赶跑。当时有一个姓孙的珠算老师,对学生很凶,动不动就打板子,打手心。于是呢,季先生就领头跟大家商量,说咱们把他赶走,怎么赶呢?说等孙老师进教室的时候,咱们一拥而上,把他的讲课桌子踢翻,然后我们兜里都事先藏好了从树上采来的一种果子,我们拿它扔向孙老师的脑袋,把他打跑,计划很周密,组织得很完善,可是"起义"失败了。为什么失败呢?大多数同学,临到关键时候不敢干,季先生这个策划者,被揪出来以后,挨了一顿板子,这个事就了了。

很难想象,德高望重的季羡林先生,在上小学的时候，竟然如此调皮捣蛋。那么这样一个顽劣的孩子，是怎么开始对学习产生兴趣的呢？正是在新育小学期间，有四件事情，对季先生的一生，产生了重大影响，哪四件事情呢？

第一件事情是，季先生在小学时候，极其害怕写作文，特别怕用文言文写作文。他怕到什么地步？大家难以想象，他怕到怕出一个毛病来，什么毛病呢？只要老师在黑板上，写上作文题目，不管什么题目，季先生就马上在自己的作文本上，下意识地写下四个字，叫"人生于世"，接着就没词儿了。有一次实在憋不出词来了，作文又要交，季先生就拿一本书，胡乱地抄了几句，这几句话季先生到老都记得，所以季先生的记忆力真不得了。他抄的是一段什么话呢？

"空气受热而上升,他处空气来补其缺,遂流动而成风。"

抄了这么一段莫名其妙的话,而这一段莫名其妙的话,居然得到了老师的表扬,认为他文字通畅,居然研究起风是从哪儿来的这么玄妙的事情来。一般的孩子,如果听到老师这么表扬会怎么样?会接着抄,接着高兴,而季羡林先生觉得羞愧,暗下决心,决不再抄袭别人的文字,这是季先生一生仅有的一次抄袭事件。季先生自己讲,他说从那以后绝对再也没有抄过别人一个字。

第二件事情是季先生在高小的阶段,也就是小学四年级以后,开始看闲书了。他课本不看,可是看课外书这个习惯发展到无书不读,《三国演义》《水浒传》《红楼梦》都看了。据季先生回忆,连《金瓶梅》《西厢记》《三侠五义》他在高小都看了。但是他不喜欢《红楼梦》，理由是他讨厌哭哭啼啼的林黛玉，他说林妹妹烦得不得了，整天哭哭啼啼，他不喜欢，别的都很喜欢。这些书在叔父的眼里都是闲书，绝对不许看的。但是，季羡林先生沉迷于其中不能自拔。上课时偷看；放学不回家，躲在砖瓦堆里偷看；回家以后，桌子上放着正规课本，桌底下藏着这些闲书偷看；晚上在被窝里打着手电筒看。

季羡林先生知识的广博，是大家都公认的。季先生自己经常讲，我是一个杂家，而积累的过程，就是开始于新育小学。

第三件事情是受了武侠小说的影响，季先生开始在家里，用大口袋装满了黄豆和绿豆，苦练打拳。他也不知道从哪儿听说的，说你只要把这手指，在米缸里经常这么插，时间一长，你把那个米换成沙子，你接着再插，到最后可以练成铁砂掌,而到了这个境界,你只要用手指一戳,一棵树都可以戳倒。季先生信以为真,哪个男孩子不希望自己有铁砂掌,所以就猛练起来,一直练到五个手指鲜血直流,铁砂掌依然遥不可及。练不成,这也让季羡林先生死心塌地相信,自己成不了武林高手,也成不了像自己小时候的伙伴马景林那样的绿林好汉。武的不行,那就改练文的,沿着这条路下去,那就是今天的学术大师,他就一门心思改练文的了。

抄书、看杂书、练武术,这是很多人少年时都曾经经历过的事情,而小学时期的季羡林先生,经历的第四件事情,对于许多少年来说,是不可思议的,而正是因为有了这个特殊经历,才为季羡林先生日后成为一代学术泰斗奠定了基础,这是一件什么事情呢?

第四件事情可谓特别重要,那就是在新育小学阶段,后来成为一代语言学大师的季羡林先生,开始学英语了。当时的小学课堂上，并不提供英语课程，而是在小学的一个老师，他会英语，他愿意在课后开班，教学生学英语，但是要额外收费。收多少费？每个月一个学生三块大洋，很大的一笔钱。我们讲过当时巡警一个月工资四块大洋。但是季羡林先生的叔父，给我们的印象，似乎是相当保守的叔父，他反对白话文，反对你看闲书，可是在这件事情上，季羡林先生的叔父，再一次显现出与众不同的眼光，他毫不犹豫，每个月掏三块大洋的学费，不仅支持季羡林学英文，而且严厉督导他学习。当然这个叔父还另外出钱，让季先生参加古文训练班，也是另外收费的，去专门读《史记》《左传》《战国策》，所以他叔父是一个非常有眼光的人。

曾经有人把季先生的回忆文章编了一本书，叫《季羡林自传》，并不是季羡林自己写的书。在这本书里头季先生讲道：

"当时对我来说,外语是一种非常神奇的东西。我认为,方块字是天经地义,不用方块字,只弯弯曲曲像蚯蚓爬过的痕迹一样,居然能发出音来,还能有意思,简直是不可思议……我当时有一个非常伤脑筋的问题:为什么'是'和'有'算是动词,它们一点也不动吗?当时老师答不上来;到了中学,英文老师也答不上来。"

我也答不上来,到今天我也不知道。我问过季先生,他说他还没想明白,我说我也没想明白。这"有"和"是",是没有动的意思,I have a book,我有一本书。have 是动词。I am a teacher,我是一个老师,这"是"也是动词啊,可是一点也不动。这段话表明,正是从学习英语开始,季羡林先生的学习兴趣和他的学习潜力，被完全释放出来。他不仅能够发现问题，而且对问题有一种打破砂锅问到底的这么一种精神。他对问题一追到底，绝不轻易放过。因为这个问题，他到中学还问过中学英语老师。

季羡林先生的与众不同到底体现在哪里？今天我们后人，像我这样的年轻的在学校里工作的教师，或者像坐在电视机前的，今天依然在小学、中学乃至大学里读书的年轻学子，到底从季先生身上，要学习什么呢？我还是引用他自己说过的一句话，这句话我认为非常重要，他讲："越是神秘的东西，便越有吸引力，英文对于我，就有极大的吸引力。"

季羡林先生这句话，给了我们启示，我们需要的是一种从内心深处的，对神秘的，对自己还没掌握的，对自己还没了解的陌生事物的一种冲动，我要有一种非常强大的好奇心，我要去探究我眼前未知的所有的事情，不管它是什么。也许对于学生来讲,这是一道数学题,很难;也许对于学生来说,这是一篇命题很刁钻的作文,也许对于学生来讲,是很多很复杂的外语单词。但是你要有一种冲动,要有发自内心的一种冲动,如果这种冲动在学生的内心深处被激发出来以后,这个学生就会是一位非常主动的学习者。如果把我们未知的知识,把我们新的学习领域,比喻成一座火山,我们去攀登、去探险,去考察,兴趣只不过是我们遥遥看见的这座火山散发出来的缕缕青烟。在大学者的心目当中,都有一种神秘,有一种冲动,不认识到这一点,就不可能真正理解大师级的学者。

学习英文,是很多学生都非常头疼的一件事情,而一向对学习不感兴趣的少年季羡林,却对神秘的英文产生了强烈的好奇心,他不仅感受到了学习的乐趣,甚至还享受到一种奇特的感受，这是一种什么样的感受呢？

　　更加奇特的是，学习英语不仅给季羡林先生带来了探索神秘的乐趣，居然还能让他感到"无量的幸福与快乐"，这难道是今天看见英语单词就头疼欲裂的孩子们所能够想象的吗？学习外语居然能让我感到巨大的幸福和快乐吗？我自己过去学外语的时候，就感到很痛苦，我就没有感到过幸福和快乐，当然长大以后到德国留学，我慢慢理解了季先生，当然我还是在慢慢地学习，我逐渐能够体会到季先生讲的幸福与快乐是什么样一种味道，这只可意会不可言传。这难道不是一种无法言说的神秘吗？

　　让我们再看看季羡林先生另外一段话，大家会觉得很难理解：

"每次回忆学习英文的情景时,我眼前总有一团零乱的花影,是绛紫色的芍药花……白天走过那里,紫花绿叶,极为分明。到了晚上,英文课结束后,再走过那个院子,紫花与绿叶化成一个颜色,朦朦胧胧的一堆一团,因为有白天的印象,所以还知道它们的颜色。但夜晚眼前却只能看到花影,鼻子似乎有点儿花香而已。这一幅情景伴随了我一生,只要是一想起学习英文,这一幅美妙无比的情景就浮现到眼前来,带给我无量的幸福与快乐。"

有了这种感觉的一个学生,我们还用去怀疑他将来在学术领域的成就和造诣吗?有了这么一种感觉的一个学生,我们难道还用对他未来的前途抱有任何的怀疑吗?季羡林先生的学习兴趣,他内心求知的欲望,特别是对外国语言的这种特殊的感觉,已经被彻底激发出来。我们应该争取感受到，这一重重的花影；我们应该感受到，学习能够带给我们美感；我们应该体悟到，学习未知的知识和学问，本身就是探索美、接近美、领悟美的一条征途。

总之，虽然在小学阶段，季羡林先生的学习成绩，实在还只是一般而已，并看不出他在以后，会成为那么大的一位学者。但是，他内心深处那座神秘的探究求知的火山，恐怕已经不再是缕缕青烟了，恐怕马上就要喷薄而出了。用一句我们经常讲的俗话，新育小学期间的季羡林先生开窍了。我们经常去形容一个学习成绩突然变好的学生，说这小子，现在终于开窍了。而季羡林先生就在这个阶段，通过对英语的学习，开窍了。这缕淡渺的青烟，在季羡林先生的中学阶段，是否会化成熊熊的求知的烈焰和烈火呢？

第四讲　恰同学少年

季羡林先生六岁时,被叔父接到济南上学,然而当时的季羡林,对学习并不感兴趣。他在学校里调皮捣蛋,经常闯祸。但是当他开始学习英文时,却突然被这种神秘的语言所深深吸引了。在学习英文的过程中,季羡林先生不仅非常有兴趣,而且还能够享受到一种幸福和快乐的感觉。季羡林先生小学终于毕业了,但除了英文外,其他功课成绩平平,他面临着上哪个中学的选择。少年季羡林将会进入一所什么样的中学?他在中学期间,会遇到一些什么样的老师?而这些老师,对于季羡林先生的一生,将会产生怎样巨大的影响?

小学很快就过去了,令季羡林先生烦恼的事情却来了。

1924年,季先生十三岁那一年,他忽然发现,自己的面前有一道难题,什么难题呢?就是他必须进行一次不能掉以轻心的选择。这个选择大家也完全想象得到，就是必须选择进入哪一所初中。在今天我们的心目当中，孩子的初中阶段，是非常非常重要的，我们都给予高度的重视，当年的情况呢，虽然未必像今天那么严重，但是也不能不让季羡林先生开始思前想后，开始担忧。

那么季羡林先生在那个时候在考虑什么呢？因为我们知道，在当时的济南，人们心目当中，最好的高中，毫无疑问，是山东省省立一中。季羡林先生后来在很多地方提到，他自己是少无大志，少年时代的他是没有什么很大志向的。同时，由于他特殊的成长环境，很小离开母亲，离开故乡，寄居在他叔父家里，叔父对他要求很高，期望很高，但同时也一定会给予他巨大的压力。由于这种非常特殊的生活经历，就使得季羡林先生"自知之明太多"。这是季先生的原话。既然自己小学成绩实在不怎么样，那他就更没有什么考山东省立一中的雄心壮志，他干脆连想都不想，连报名都不敢报。于是他选择了和山东省立一中差距很大的两所中学当中的一所，哪两所中学呢？一听这名字，大家就觉得很好玩，一个叫"破正谊"，一个叫"烂育英"，就是有一所叫正谊中学，一所叫育英中学，但是在大家的心目当中，都是破烂，一个叫"破"，一个叫"烂"。

我们都知道，季羡林先生毕业于清华大学，然而小学毕业时候的季羡林先生肯定没有将来要上清华大学的远大目标，那么季羡林先生到底上了哪所中学？在季羡林先生的中学时期，又会有什么特殊的事情发生呢？

季先生就报名去考正谊中学，考试的结果，当然不会有悬念。但是在考试的时候，季羡林先生，居然又沾了一次光，沾什么光呢？沾了他刚开始学了一点英语的皮毛的光。这是怎么回事呢？原来这个"破正谊"虽然破，但是考它的时候，居然要考英语，这在当时是不多见的。题目是汉译英，把一句汉文句子翻译成英文，什么样一个句子呢？"我新得了一本书，已经读了几页，不过有些字我不认识。"这样一个汉译英的考题，对今天考初中的小学毕业生来说是不难的，而季先生呢，除了"已经"这两个字他不知道，翻译不出来以外，其他大致都翻译出来了，而就凭借着这个，季先生居然被排在了一年半级，什么叫一年半级呢？就直接让他读了一年级的下半学期，又沾了半年光。我到时候会给大家作一个总结，季先生由于好多非常特殊的机缘，他抢到了好几年的时间，而正是这几年的时间，对他的一生产生了至关重要，甚至有某种决定性作用的影响。

我们前面讲到过，一个"骡"字，现在又是一个英语句子，就已经为季羡林先生抢下了一年半的时间，这些事情看来是点点滴滴的小事，我们都容易忽略不计。

但是，如果你把这两件小事看成是因，看成是种子，你在不经意间积累下来的东西，种下的种子，它会在不远的将来，诞生出非常华美的果实。如果我们不重视，也就让它随风飘散了。

在正谊中学期间的季羡林先生，也并没有有意识地去用功，去努力，他主要的兴趣和爱好是什么呢？钓虾、钓蛤蟆。正谊中学是今天的山东济南艺术学校，为什么能钓虾、钓蛤蟆呢？因为这个中学就在大明湖边上。既然他把这个热情和兴趣完全放在钓虾和钓蛤蟆上面，那么他在初中阶段的成绩，只能说是高个子里的矮子，矮子里的高个子，并不是很突出，过得去罢了。

不过他仍然在课外坚持加量学习英语，课余还要去学习古文，这都是正常课程以外的。而季先生的叔父还不停地督导他，去背诵自己编的那本《课侄选文》。每天晚上都要折腾到晚上十点以后，而同时呢，季先生偷看闲书的习惯不仅没有收敛，反而变本加厉。正谊中学初中部教师的水平，参差不齐到了极点，里面有的教师极其优秀，堪称伟大的教育家，有的教师则荒唐到什么地步呢？比如有个教生物的老师，他不认识"玫瑰"这两个字，玫瑰花他不认识，他念成什么？"九块"，这一朵"九块"花开了，那一朵"九块"花开了，为什么会读错呢？大家要从繁体字角度去想，因为这个"玖"字跟"玫"很像，"一块钱"的"塊"，又跟"玫瑰"的"瑰"很像，所以这位生物老师每天都在课堂上，读着"九块九块"，也有这样的老师。

济南正谊中学到现在已经有一百多年的历史，当时这是一所普普通通的中学，师资水平并不高，少年季羡林的学习成绩也并不好，但为什么季羡林先生对正谊中学一直深深怀念呢？

正谊中学的校长,是一位非凡的人物,让季羡林先生感念终生,并且对季先生的人格、道德,对他内心深层的志向,产生了根本性的影响。这位校长就是伟大的教育家鞠思敏先生。他本身也值得我们认真地介绍一下。鞠思敏在清朝末年已经考中举人,1906年加入了孙中山先生的同盟会,并且参加了非常著名的荣城起义,他担任过好几所山东各类学校的校长,还曾经一度出任过省教育司的司长。那么我们不禁要问,有那么一位杰出校长的正谊中学,怎么还会被大家叫做"破正谊"呢?

我必须告诉大家,正是这个破破烂烂的"破"字,折射出鞠思敏先生作为一个伟大的教育家的教育思想和人格魅力。这个"破"字从何而来呢?鞠思敏先生的办学主张和别人不一样的地方,主要体现在两点。第一,他尽量收别的学校的落榜生；第二，对那些违反校纪、调皮捣蛋很过分的人，他予以教导，但是绝不开除。为什么这么做呢？因为他坚信，对这两类学生，把他们教育好，比起教育那些循规蹈矩的好学生来讲，更应该是教育工作者的天职。所以正谊中学一度有学生一千七百人，在当时中学教育不很普及的情况下，这是一个非常庞大的数字。也正因为如此，很多人都说，鞠思敏校长在捡破烂，所以把正谊中学叫做"破正谊"。

鞠思敏先生在日寇占领济南期间，严词拒绝日寇的拉拢。支持学生的爱国运动，亲自为学生送茶送饭，掩护过很多共产党人。他生活到最后，困难到了什么地步啊？没有吃的，只能用开水泡煎饼，即使在这种环境下，他也决不低头。1944年8月7日，他在忧患贫困中去世，享年七十二岁。尽管是战乱年代，尽管是在日寇占领时期，为有"山东的蔡元培"之称的教育家鞠思敏校长送葬的队伍却长达几里。济南曾经有一条路，被命名为"鞠思敏街"。在季羡林先生自传当中，他曾经讲过："我也在离开北园以后没有能再看到鞠先生，对我来说，这也是天大的憾事……然而鞠先生的影像却将永远印在我的心中，时间愈久，反而愈显得鲜明。他那热爱青年的精神，热爱教育的毅力，热爱祖国的民族骨气，我们今天处于社会主义建设中的中国人民，不是还要认真去学习吗？我每次想到济南，必然会想到鞠先生。他自己未必知道，他有这样一个当年认识他时还是小孩子，而今已是皤然一翁的学生在内心里是这样崇敬他。我相信，我绝不会是唯一的这样的人，在全济南，在全山东，在全中国还不知道有多少人怀有同我一样的感情。在我们这些人的心中，鞠先生将永远是不死的。"

季先生一生热爱青年，热爱教育，热爱祖国，所以他一直感到，和他初中的校长有一种精神上的共鸣。

1926年的上半年，季羡林先生在这个"破正谊"读了半年高中以后，在夏天转到新设立的山东大学附设高中，去继续他的高中学习。

山东大学附设高中，简称山大附中，这是一所什么样的中学？这所学校里的老师水平如何？而这些老师，对于正处于青春成长期的季羡林，都产生了什么样的影响呢？

一般而言，有"附中"之称的学校，都是当地很不错的学校，这个到今天都是如此。比如，北师大附中，还有人大附中，这都是很好的学校，山大附中当然不会例外了。那么这所学校到底强在哪里？季羡林先生曾经在《我的心是一面镜子》这篇文章（后来也成为一本书的书名）里边讲过："这里的教员可谓极一时之选。"那这些教员都是一些什么样的老师呢？我如果把他们介绍出来，我相信大家会非常惊讶：这样的阵容，是今天的一个高中，甚至是今天某些大学的系科都不可能具备的。我先来介绍一下山大附设高中的语文老师，当时叫国文老师，都有哪些人呢？国文方面，首先还是有教经书的，教传统儒家经典的，有两位。一位外号叫"大清国"，季先生连他的名字也想不起来了，他是个遗老，言必称"你们民国如何如何，我们大清国如何如何"。还有一位是清朝的进士翰林，教《书经》和《易经》。《书经》就是《尚书》，《易经》就是《周易》了，他们对书太熟了。这两位老先生，不仅背得滚瓜烂熟，连注疏都可以背出来，而且可以倒背，真正倒背如流。倒背如流，在老一辈很多学者那里，不是一句夸张的形容词，而是他们非常特别的记忆能力的展示。在我们今天看来，非常拗口的古籍，他们能倒背出来，所以他们上课当然不会带书,没必要。

那么其他的语文老师是谁呢?左联五烈士之一胡也频,大家都应该知道,柔石、胡也频等左联五烈士,这是鲁迅先生专门写文章纪念过的作家,而胡也频先生就教过季羡林先生。在那个时候,胡也频先生跟中国现代的大作家丁玲是夫妻,他们两个人可能在经济上碰到一点困难,所以胡也频先生就从上海跑到济南的高中,在山东大学附设高中教书,目的是为了还债。而这位胡也频先生是怎么上课的呢?他上课的时候,完全就在宣传现代文艺,普罗文学,普罗文学也就是无产阶级文学,宣传马克思主义。他在他的宿舍门口放张桌子,号召大家加入现代文艺研究会,这当然就引起了国民党的注意。不到三个月时间,胡也频先生就被迫逃离济南,悄悄地返回上海。不久以后,胡也频先生和另外四位非常优秀的青年文学家一起,被当时的国民党政府在上海枪杀，这引起了全国人民的激愤，也引起了鲁迅先生的激愤。

就这短短的三个月，给季羡林先生留下了深刻的印象。接替胡也频先生的，同样是和鲁迅先生有着非常密切交往的董秋芳先生。在当时的高中生心目当中，鲁迅先生的地位是非常崇高的，所以大家也格外尊敬董秋芳先生，对他非常佩服。可是董老师上课很特别，这在今天是不能想象的。他教学生写作文，永远只有一个题目，什么题目？叫"随便写来"，星期一布置一作文题目，叫"随便写来"，下星期还布置一篇，还叫"随便写来"，没有题目的。

于是季羡林先生就随便地写了一篇关于自己故乡的文章。他没想到却得到了董先生的高度赞赏。董先生在他作文上，做了好多批语，季先生一直到现在都记得，叫"一处节奏"，"又一处节奏"。这就让季羡林恍然大悟,写文章是要讲究节奏的,没有节奏的文章平铺直叙,如白水一般的寡淡不是好事。董秋芳先生称赞季羡林先生的作文是全校之冠,这一下让季先生感觉非常好。因为他从来没有当过全校之冠,感觉很好。

胡也频先生的革命热情,董秋芳先生的教学方式,都对高中时期的季羡林先生产生了很大的影响。而渐渐长大的季羡林,是否从此开始用功学习了?他还有没有调皮捣蛋的行为?

高中阶段的英语老师,季先生一共有三位,两位不错,有一位不行。那个时候,季先生也不知怎么了,已经当了班长了,他居然动员同学,把那位差老师轰走。他小学时代轰,挨了一顿板子没轰成,这次却轰成了,因为他这次采取的方式比较文明。怎么轰的呢?季先生作为班长，就通知同学，这老师太差了，英文太烂了，考试的时候咱们都交白卷，谁也不写一个字。大家都听这班长的，于是这老师觉得没面子，就自己卷铺盖走了。所以这是季先生一生当中罕见的比较成功的"革命活动"之一。

季羡林先生的英语在当时已经是首屈一指，而非常有意思的是，他在高中阶段开始学德语。我们知道在当时山东好多地方是受德国控制的，所谓德国的殖民地，或者叫德国的势力范围。那里有好多德国的企业，有好多德国的传教士，也有好多德国人。教季先生德文的老师，就是在德国洋行里工作过，不过这位先生，水平实在不高，发音非常古怪。这个德文不怎么样的老师还酷爱写诗，他酷爱什么诗呢？是一种非常奇怪的体裁，叫十七字诗。季先生到晚年一直记得其中一首，叫什么呢？"发配到云阳"，五个字，"见舅如见娘"，五个字，

"两人齐下泪",五个字,"三行"!这个是挤对那些独眼的,两个人流眼泪只有三行,肯定其中有一个人,瞎了一只眼。这个诗是滑稽诗,但是不太厚道。

季先生,除了这一首以外,还记住了一首十七字诗,而这一首是他自己写的。他写了一首什么呢?"叔婶不我爱",叔叔婶婶不怎么爱我,"于我何有哉",他不爱我,跟我有什么关系,"但知尽孝道",我只知道我应该尽孝道,"应该",也是十七个字。这当然是一种少年的牢骚。因为我们知道,季先生那时候是少年,孩子嘛,他觉得自己的堂妹在家里地位比自己高,老有新衣服穿,自己没有,这是一方面。第二方面呢,叔婶对季先生的管教,的确是非常严的,为什么?因为你是传宗接代的孩子,我对你抱有期望,实际上他叔叔和婶婶对季先生的管教,让晚年的季先生回想起来,觉得是受用终生。比如有一个细节,季先生亲口告诉过我,当时吃饭,在桌子上某一碗菜，如果连续三次伸筷子夹菜，这个筷子是要被打落的。其实这是规矩，是应该有的礼节。当然季先生那时候还是孩子，所以他不懂，他有牢骚，觉得你老管着我。可以肯定，这是季先生迄今为止非常庞大数量的作品当中仅有的一首三句半，没有第二首了。

山东大学附设高中对季羡林先生的成长，起了特别重要的作用。老师好，教育环境好，获得的知识多，这些都是不必说的。更为重要的是，用季羡林先生自己的话来讲，"我有意识认真用功，是从这里开始的。"

在山大附中众多优秀老师的教育之下，在叔父的严格要求之下，随着年龄的增长，高中阶段的季羡林越来越懂事了，但真正使季羡林先生开始有意识地用功读书的，是两位恩师，他们都是谁？又是怎样影响了季羡林先生呢？

一位是王崑玉先生,他整整教了季先生两年古文,是季羡林先生心目中的恩师。

这王先生跟董先生不一样,他写作文是要出题目的,不能让你随便写,而且要用古文写。有一次,季羡林先生按照王先生的要求写了一篇叫《读〈徐文长传〉书后》的作文。大家可能还记得,季先生从小非常害怕用文言文写作文,曾经怕出一种毛病来,我讲过,只要一看到要用文言文作文,他就在纸上写四个字,"人生于世",然后接下来就憋不出词来。但是这位王老师启发了季先生,季先生写了这篇作文以后,得到了王崑玉先生的高度赞赏。王先生在季先生的作文上,批了六个字:"亦简劲,亦畅达。"你这篇文章既非常的简明,笔力强劲,又非常流畅,表达充分。这是很高的评价。而且王崑玉先生认为,这篇作文是全班的压卷之作。就是在董先生肯定了季先生的白话文作文以后，这一位本身在文坛上就有很高地位的王崑玉先生，再次肯定了季先生的文言文写作的能力。

不久以后，季先生又写了篇文章叫《夜课后闲步校前溪观捕蟹记》。晚上放了学以后，季先生不回家，到学校前面的小溪流旁边，看人家抓螃蟹，他有感而发写了一篇文章，又得到了王崑玉先生高度赞赏。这就彻底激发了季羡林先生学习古文的劲头。原来是他的叔父几乎是强迫他背书，而现在是季羡林先生开始主动阅读。他背诵了大量的古文作品，打下了很雄厚的古文基础。

另外一位让季先生开始有意识认真用功的先生，那来头要大得多，他是谁呢？那就是王寿彭状元。

王寿彭先生并不是季羡林先生的老师，那么他怎么会对季羡林先生有着巨大影响？他又是一个什么样的人呢?

这位状元很值得我们介绍。王寿彭先生生于1875年,1929年就去世了。他出生在山东潍县,一个极度贫穷的城市贫民家里,但是从小学习极为刻苦努力。在科举的道路上,他是一帆风顺,运气好到不能再好。他十七岁中秀才,二十六岁中贡士,我们知道,中了贡士,你要成为状元,还要参加殿试,里边有好多偶然性,他是怎么成为状元的呢?这位王寿彭先生成为状元,一直是在中国科举史上流传的一个故事。

光绪二十九年,也就是公元1903年,王寿彭先生中了贡士以后,去参加殿试,就是要去看能不能中状元了。那个时候正好是慈禧太后的六十八岁生日。在这前后,据说王寿彭原来连前五名都没有,应该不是状元吧。可是呢,又碰到怪事了,这前五名的卷子里边,第一本是谁的呢？叫梁士诒，广东人，这是慈禧太后最讨厌的。慈禧太后不喜欢广东人，因为康有为、梁启超都是广东人；第二你还姓梁，我很烦；第三你名字当中，还有一个诒字，大家知道，康有为叫康祖诒。所以慈禧太后说，你这个名字梁头康尾，还是广东人，不行。另外一个人叫什么呢？叫宋育人，这名字也没什么啊，慈禧太后就认为，他可能是宋教仁的弟弟，其实压根儿不是。所以这两个都不行，这一下原来前面几名卷子的次序就被慈禧太后打乱了。慈禧太后一看，有一个山东人，山东没问题，名字叫王寿彭，好啊，寿如彭祖，彭祖可是八百岁，慈禧太后一看，我要过生日了，居然有这么一个人，考得也不错，就拿他做状元吧。王寿彭先生就做了状元。当然有人反对这个说法，但一直有这个传说。

1925年，"狗肉将军"张宗昌督鲁。他以"三不知"

闻名于世。所谓"三不知",第一是不知道自己有多少兵,第二不知道自己有多少钱,第三不知道自己有多少姨太太。这是个很粗鲁、很鄙俗的人。但是在当时,中国传统文化还没有遭到致命摧毁,无论真的假的,你都得尊重文化。张宗昌这个人,虽然如此鄙俗,倒非常尊重文化和文化人。他毕恭毕敬地登门拜访已经退休、赋闲在家的王寿彭状元,请他出任山东省教育厅厅长,并且敦请他恢复山东大学,并请他出任校长。

王寿彭担任山东大学校长时间不长,因为他的思想太守旧就离职了。而张宗昌觉得王状元都不当校长了,要能请到一个接王状元位子的人,不太容易,我就勉为其难来当山东大学的校长吧。这就成为山大历史上的一段丑闻,就是一个不识字的"狗肉将军"当过山东大学校长。

但是,就在这个非常短暂的任期之内,王寿彭状元这个高高在上的、山东唯一一所大学的校长、山东省教育厅的厅长、清朝的状元,居然对一个普普通通的高中生季羡林,产生了决定性的影响,这到底是怎么回事呢?

第五讲　坎坷中成长

少年季羡林初中时成绩平平,高中转到山东大学附中后,他遇到了几位在中国文学史上著名的老师。胡也频先生的革命热情,董秋芳先生的教学方式,都对高中时期的季羡林先生产生了很大的影响,而真正促使年轻的季羡林开始有意识地用功读书的,则是一位叫王寿彭的老先生对他的影响。1930年,季羡林先生以优异的成绩高中毕业了,然而他却没有报考大学,而是报考了邮政局。季先生为什么不报考大学?考邮政局的结果是什么?他后来又是怎么被北京大学和清华大学同时录取的?他在考试时有什么奇妙的事情发生?而季羡林先生最后选择了北大和清华中的哪所大学?

上一讲我们讲到,一位高高在上的,像生活在云端里的神仙人物,一位状元,一位大学的校长,居然对一个普通的高中生产生了一种令他缅怀终生的激励作用,这里边一定有一段非常奇妙的故事,那么让我们看看这一段故事。

这位王寿彭状元是山东大学的校长,但是他同时还兼任着山东大学附设高中的校长。当然他根本不会到高中来,所以高中生是轻易见不到这位状元的。但是这个状元有一个声明,什么声明呢?如果谁有两个学期能够考到甲等第一名,他就给这个学生写一幅字。状元的字是很难得的,何况这个状元本身就是书法大家。

1927年5月,他知道有一个叫季羡林的学生连续两个学期,不仅考了班级的第一名,还都是年级的第一名的时候,无比高兴,他履行了自己的诺言,为季羡林先生写了一副对联:

"才华舒展临风锦,意气昂藏出岫云"

这是很高的荣誉。同时，因为季先生的成绩已经超过了当时这位状元设置的奖励线，所以他另外还给了季先生一幅扇面。季先生拿到这两件墨宝以后，一看很吃惊，为什么吃惊？上面题的落款都是"羡林老弟"。

当时的季羡林先生，只是个中学生，而王寿彭先生，不仅是山东省教育厅厅长，山东大学校长，而且还是一位德高望重的老先生，论辈分该是祖孙之别了，但王寿彭先生为什么会称中学生季羡林为"羡林老弟"呢？

这就不能不讲到我们中国古代称谓的规矩。古人往往是降一辈称呼。比如说，对我朋友的孩子，我称他为什么？不能称贤侄，这个你太高傲了，要称世兄，或者叫世讲兄，这是规矩。别人不会看到这个认为，这个小孩真有一个哥哥是我，古人都懂这是规矩。而如果我们是平辈的，哪怕你比我小，我都要称兄，而不能称弟。我们现在认为你比我小，我称你为贤弟，好像是实事求是，但是如果古人看到，就认为是叔叔给我写的。那么状元为什么称季羡林先生为老弟呢？因为他实在不能称季先生为兄。两个人隔的年龄已经是祖孙辈，所以等于这位状元，降了一辈半，他先降一辈降到兄弟，但是实在觉得季先生太小，而我已经是老人了，所以称他为弟。这就是大家风范，是中国传统文化当中已经被我们遗忘的，已经被我们好多人不理解的精华。正是这样的落款，让一个普通的高中生感动，让他懂得什么叫谦虚，什么叫大家风范。

季羡林先生在《我的心是一面镜子》里边风趣地讲道："这样被别人一指，我的虚荣心就被抬起来了，从此认真注意考试名次，再不掉以轻心。"

确实，季羡林先生不开窍则已，一开窍惊人。他的潜力和才华，开始像济南的泉水一样，奔涌而出，奔腾不止。他对外国文学作品的兴趣，开始展现出来。他每个月从自己的伙食费里面省下有限的几个钱，去订购外国文学的原版书籍。一等到取这些书的通知来了，季先生就满心喜悦，来回步行一二十里路去取书，乐此不疲。就在这个高中时期，季羡林先生开始翻译外国文学作品，从此开始了作为中国顶级翻译家的辉煌的生涯。

在高中时期，季羡林先生还开始在天津《大公报》这样非常著名的报纸的副刊上，发表了不少小说和散文。尽管在后来，季羡林先生自己说，这个时期的作品是"穿开裆裤，挂屁股帘"的形象，但是，这毕竟标志着作家对于季羡林先生来说已经不再是一个遥不可及的梦，成为著名文学家、散文家的步伐已经迈开，从此再也没有停歇过。

按照我们今天的想象，如此出色的一个高中生，连续六个学期都是整个山东省的第一名，接下来的选择，应该是没有任何悬念可言，无非就是进入哪一所名牌大学的问题。这可以说对，也可以说不对。因为就在季先生高中临近毕业之前，发生了很多事情，超乎我们的想象。而这一切自然不可能不对季羡林先生产生影响。究竟发生了哪些事情呢？

季羡林先生上高中的时候，正是二十世纪二十年代末期，军阀混战，民不聊生。孙中山先生领导的国民革命风起云涌，而日本帝国主义也伺机窥视着中国的国土。在这样一个动荡的年代里，是什么事情对季羡林先生的一生都发生了影响呢？

1928年左右，北伐军占领济南。不久日寇趁火打劫，出兵济南，酿成惨案，学校只能关门。用季羡林先生的话来讲，我过了一年临时亡国奴生活。日军统治下的济南，是个什么样的世界呢？这还是在抗战以前，根据季羡林先生的回忆，这简直让我们怀疑，那个时候的济南，到底还是不是人间？日军经常在济南搞突然袭击，你老百姓关着门不对，因为日本人会说，你们一定有见不得人的勾当。皇军驾到，你们应该开门恭迎，说着顺手就是一刺刀。可是老百姓开着门也不对，因为前来搜查的日寇会说，你们怎么能这么大胆，你们居然敢双门大开，于是顺手又是一刺刀。不是亲身经历的人很难理解。

就是在这个时期，季羡林先生本人有一段很危险的个人经历。季羡林先生当然知道，日军最恨的就是中国学生。因为在当时，反日活动的组织者，反日活动的主力军，往往都是学生。季羡林先生毕竟不能一直待在家里关门不出,所以他就略微做了一点化装,怎么化装呢?他就剃了一个光头,打扮成商店里的小学徒模样,上街去做他应该做的事情。有一天终于还是撞上了日本兵设卡子检查过往行人。我引用一段季羡林先生回忆的原话:"我知道,此时万不能逃跑,一定要镇定,否则刀枪无情。我貌似坦然地走上前去。一个日军搜我的全身,发现我腰里扎的是一条皮带。他如获至宝,发出狞笑,说道:'你的,狡猾的大大的。你不是学徒,你是学生。学徒的,是不扎皮带的!'我当头挨了一棒,幸亏还没有昏过去,我向他解释:现在小徒弟也发了财,有的能扎皮带了。他坚决不信。正在争论的时候,另外一个日军走了过来,大概比那一个高一级,听了那个日军的话,似乎有点不耐烦,一摆手:'让他走吧!'我于是死里逃生,从阴阳界里又转了回来。我身上出了多少汗,只有我自己知道。"

实际上，类似的经历，远远不止这一次。季羡林先生亲口告诉过我，有那么一两次，他几乎就让日本人的刺刀给捅了。季羡林先生对日本的军国主义深恶痛绝，当然季羡林先生曾经多次访问日本，对日本的人民和文化抱有美好的感情，和日本学术界和文化界有非常密切的交往，他本人的论著也有一部分，被翻译成日文，这是绝对不能混淆的两件事情。

那么这件事情对季先生来讲，难道就仅仅是一次惊吓而已吗？事情没那么简单。这件事情对季羡林先生乃至学术研究造成的影响或者损失，是无法弥补的。为什么这么说呢？我这么说是不是把这事情夸大了呢？不是。我们知道季羡林先生是杰出的语言学家，通晓很多种外语。但正是因为这一时期的经历，他决意不学日语，所以季羡林先生并不会日语。对于季羡林先生所从事的大多数的研究课题而言，日语是一门很重要的语言。不能不说这是一个遗憾。而这份遗憾，怎么可以说仅仅是季羡林先生个人的遗憾呢？

在需要参考日本学者的研究时，季羡林先生不能亲自阅读，只能辗转请人翻译。他后来要求，像我这样的门生弟子要学习日语，掌握日语，以避免自己的缺憾。此外，还有一件更为有趣的事情发生。1930年，季先生以连续六个学期全校第一，在当时也是全山东第一，这样的优异成绩高中毕业，然而他并没有选择上大学这条理所当然的道路，为什么呢？怎么会这样呢？

高中毕业生一般有两个选择，一个是上大学继续学习，一个就是找一份工作，养家糊口。季羡林先生当时成绩如此优秀，却并没有选择上大学这条路。他当时作了一个什么样的选择？结果又如何呢？

季羡林先生一再说自己胸无大志。但是我想，这四个字用到这里不大合适。根本原因我看有两个，一个是季羡林先生在《学海泛槎》这本书里边讲，他的家庭也希望他在高中毕业后，能够抢到一只铁饭碗。可能当时由于各种原因，家里的经济状况已经相当艰难，不容乐观。他的叔父和婶母已经很难再供他进一步求学了，所以希望这个侄子早点工作。

另外一个原因，季羡林先生当然想报答家里，特别是想迎养自己在农村受苦的母亲。同时，季羡林先生也已经结婚了，他在高中阶段就已经结婚了，有了自己的家庭。这个在当时很正常。那么哪些单位是当时人心目当中的铁饭碗呢？季羡林先生跟大家关于铁饭碗的看法，是很一致的，那就是邮政局、铁路局、盐务稽核所。盐务稽核所就是管理盐的机构，因为食盐是国家专卖的，到今天也是国家专营的。所以这三个部门是铁饭碗。季羡林先生去报考了邮政局，可是奇怪的事情发生了，发生得莫名其妙，成绩如此出类拔萃的季羡林先生竟然没考上，人家邮政局不要他。

季羡林先生就是在没有考取邮政局的情况下，才到当时的北平报考大学。我想倘若让季羡林先生自由选择的话，倘若他当时家庭经济情况还稍微能够支撑的话，他的首选一定是考大学。所以这次所谓的落第，似乎不仅没有对季羡林先生的心情产生太大的打击，而且我觉得，季先生可能还暗自庆幸，也不一定。

没有考上邮政局，也许正是命运之神的眷顾，季羡林先生由此可以一心一意地去考大学了。那么季羡林先生是怎么考的大学，在考大学的过程中，又有什么奇特的事情发生呢？

季羡林先生没有在山东报考大学，而是直接来到北平。和季羡林先生一起从山东赶到北京考大学的学生有八九十个。大概当时山东省一年毕业的高中生也就一百来个，有些家庭实在困难，或者其他原因没去，所以八九十个山东的学生，一起和季先生到北平报考。那些人为了增加保险系数，每人都报了七八个大学，而季羡林先生只报了两个，北大和清华。季羡林先生为什么会这么做呢？我想无非出于以下几个考虑：首先，高中三年六个学期，连续六个甲等第一，已经使他对自己有相当大的自信；其次，高中毕业后的季羡林先生，已经不再像过去那样，胸无大志，他树立了很高的奋斗目标；第三，当时叔父的经济状况已经不太好，报考邮政局本来就是叔父的一个主意，季羡林先生也许会想，要么就考上顶尖的学校，这样可以坚定他叔父支持他进一步深造的决心。如果考不上名牌学校，以季羡林先生的心气,是不愿意读其他大学的。那么也许他就干脆回到济南去考铁路局。这是一种破釜沉舟、背水一战的心态,那么其结果如何呢?先让我们看一下,当年的北大和清华是怎么考的?

无论在几十年前还是现在,北京大学和清华大学,都是中国学子最向往,却又最难考取的大学。而季羡林先生居然同时报考了这两所大学。当时北大和清华,都会出些什么考题?季羡林先生又是如何应对的?他最后考取了哪所学校呢?

由于年代久远,季羡林先生在这方面的回忆不太准确了,他有点记不起来了。有的学者查阅了当时的原始档案,才彻底弄明白当时的北大和清华是怎么考的?先来看北大。北大的作文题目是什么呢?"何谓科学方法,试分析详论之。"

什么是科学方法,请分析一下,仔细予以论述。这在今天看来,哪里是语文考题,简直是哲学考题,或者是政治考题。更妙的是,北京大学的英语考试题,它的汉译英是要求考生将南唐李后主的《清平乐》上半阕翻译成英语。这上半阕是什么呢?"别来春半,触目愁肠断。砌下落梅如雪乱,拂了一身还满。"

在很多人的心目中,今天的英语教育水平,应该比那个时候高很多吧,可是今天的高考考生,如果看到这样的汉译英,有几个能不喊救命的,我看一百个里边有九十九个半是喊救命的,我自己到今天还是翻不出,就是说这个句子要翻得很理想,我做不到,大致翻我能做到。不过季羡林先生基本上把它翻出来了,所以季先生的英语,那时候已经有相当水准!

很凑巧,这首词的名字叫《清平乐》。

大家知道，季先生就是清平人，来自清平穷乡僻壤的一个考生，在考北大的时候，居然碰到这样一道题，怪不怪？《清平乐》，在考生也可以看成，清平人很快乐，所以这很有意思。我看到这个的时候，当时就觉得有一种很奇特的感觉。

那么如此说来，季羡林先生考北大很顺利吗？也不是。北京大学还来了一个突然袭击，加了一段英语的听写。对于季羡林先生来讲，这简直是闻所未闻的新鲜玩意儿，他根本不知道有这种考试类型。好在季羡林的英语基础扎实，既然连《清平乐》都可以翻出来，他的英语水准其实很高了。所以除了一个字他听懂了但是没写对以外，整个听写他也做得很好，哪个字呢？suffer，什么意思呢？苦啊，苦难，受苦，受折磨，这个字季羡林没写对，别的都做出来了。

再来说清华。比起北大来，清华的考试也不会客气,因为他们都是同一水准的大学。奇怪的是,非常洋派的清华,那一年的英语考试题目不难。非常有意思的是它的党义,也就是类似于今天的政治,它的题目是什么呢?"孙先生民生史观,与马克思唯物史观,差异何在?"出了这么一道题目。这很奇怪。而作文题目是两道当中选一道,一道是"将来拟入何系,入该系之志愿如何"?另外一道是"新旧文学书中,任择一书加以批评"。那么这两道题目,对国文已经相当好的季先生来讲不值得一提。

那大家可能要问了,难道那时候考大学,只要考国文和英语吗?那当然不是。大家会问,怎么没有数学呢?有,那是不可能没有的。问题是季先生考数学的成绩,和他的国文英语相比,那简直是马尾巴提豆腐了,怎么都提不起来。季先生在一篇文章——《我和外国文学》当中讲过,他入学考试数学不到十分。我问过季先生，到底几分？你不到十分，九分也是啊，你到底几分？季先生说四分。所以我就想季先生考邮政局，恐怕是数学不好，太差了，这四分是百分制的，不是五分制。大家不要奇怪，类似的情况尽管未必很多，但是也并不少见。比季羡林先生高一届的钱钟书先生，中英文俱佳，这是不必说的，可是老人家的数学考了十五分。吴晗先生，我国著名的明史专家，据说英文国文都是满分，但是老人家的数学是零分。这在今天怎么可能被录取，然而在当时的考试，只要有权威学者认可，还是照收不误。而这些人往往在后来都成了文史领域的大师，都成了国学大师。

虽然季羡林先生高考时，数学只考了四分，但他却被北京大学和清华大学同时录取了，可见季先生当时的国文和外语成绩一定是非常优秀的。那么面对两所中国顶级高校，季先生选择了哪一所呢？同时季先生当时的经济状况非常窘迫，他将靠什么来完成大学学业呢？

北大和清华同时录取了季羡林先生。我不知道是否有人统计过，同时被北大和清华录取的学生有多少。但是可以肯定，这样的情况是少而又少。这个消息传回济南，一时间成为街头巷尾的美谈。在那一段时间里，济南山大附设高中一个叫季羡林的学生，被北大、清华同时录取，一度是济南茶馆里的非常流行的话题。消息也传回了季羡林先生的故乡清平县。我相信季羡林先生的母亲也一定听到了这个消息，因为这个消息在故乡清平县引起了很大的轰动。清平县虽然是一个穷县，却非常重视教育，对每一个清平籍的考上国立大学的学生，每年补助一百五十块大洋。

季羡林先生考大学的时候，经济状况已经不好了，所以来自苦难而贫穷的家乡的资助，就显得特别珍贵，没有这笔钱，恐怕季羡林先生未必能够读完大学。今天的我们也许会问，就凭这点钱，一百五十块大洋，就可以读下清华那样的名校吗？我必须告诉大家，这在当时可不是一笔小数。我曾经讲，大学里不少一般的资历很浅的新员工，每年还挣不到一百五十块大洋，那个时候清华大学的大学生，一个月的伙食费六块大洋，能吃什么呢？据季先生的回忆，就能够整天吃杏花丸子、叉烧肉和狮子头，六块大洋就可以了。当然，大学所需要的，绝不仅仅是伙食费。但是，家乡清平县这一百五十块大洋的助学金，或者叫奖学金，绝对是雪中送炭。

实际上季羡林先生大体上主要靠了三个经济来源读完大学。哪三个呢？一个就是这一百五十块大洋。第二个是为这个侄儿备感骄傲的叔父，尽管困难，却节衣缩食支持季羡林先生，包括季羡林先生的夫人——我的师母彭德华女士的亲戚，也资助季羡林先生。第三个是季羡林先生发表文章的稿费。北大和清华都录取了，那么季羡林先生选择了哪一所大学呢？答案是清华。季羡林进入清华后，首选专业是什么？我想大家怎么都猜不到，季羡林先生想读的居然是数学系。一个数学考了四分的人，居然想读数学系，在这里，季羡林先生又一次表现出绝不服输这种犟劲。我不是数学不好吗，我不才考了四分吗，我干脆报名读清华数学系。非常犟，而且还有一种超乎常人的幻想力，这已经简直都不能说是想象力，那么为什么没读成呢？因为清华大学有一条无情的规定，你数学差，读文史类可以，但是读数学你实在不行，数学要求不得低于六十分。是季先生成绩的整整十五倍，所以他这个美好的读数学系的愿望就只能放弃。就这样，季羡林先生于1930年，入读清华大学西洋文学系的德语专业。

当时的清华,可以用如日中天、欣欣向荣来形容。著名的教育家梅贻琦先生,正在担任清华校长。他认为大学的目的,一是研究学术,二是造就人才。他有一段话非常有名,注定要镌刻在中国的教育思想历史上,他怎么说的呢?"所谓大学者,非谓有大楼之谓也,有大师之谓也。"

这句话值得我们今天深思。一个好的大学,并不在于你是不是有现代化的高楼大厦,并不在于你的学生宿舍是多么的美轮美奂,而是在于你这个学校有没有真正的顶级的大师。但是具体到每个系,情况又有所不同。教授当然不可能人人都是大师,像我这样的连小师都不是,而西洋文学系的情况,就更为特别,非常有趣,也远远超出大家的想象。那么西洋文学系的教师队伍,到底是什么样的呢?它里面有没有大师呢?

第六讲　清华园逸事

季羡林先生高中毕业后，曾因为生活所迫去考邮政局，希望能得到一份工作养家糊口，然而却没有考上。青年季羡林来到北京，同时报考了北京大学和清华大学两所全中国最好的大学。虽然这两所大学的考试都非常难，但季羡林先生却被两所大学同时录取了。季羡林先生选择了清华大学西洋文学系。二十世纪三十年代的清华大学是什么样的？西洋文学系里那么多的洋教授是否都有真才实学？在大学生季羡林的眼里，这些教授都有哪些奇闻逸事？又有哪些教授给季羡林先生留下了深刻的印象？

当时的清华大学西洋文学系，是以洋教授居多，也就是外教特别多，而吸引了来自全国各地的莘莘学子。但是它的情况很特别，怎么特别呢？首先西洋文学系分三个专业，英语、德语、法语。虽然这么分，却是英语一统天下,西洋文学系的教员,无论中外,也无论你是哪国人,也无论你教什么外语,一律讲英语。教材,也全是英语的。这些洋教授的水平,离大师相差不止十万八千里。他们在国内恐怕连当中学老师的资格都不够,而到了当时的中国,居然都成了堂堂的大学教授。从季羡林先生对当时这些教授的回忆来看,可以用四个字来形容,哪四个字呢——哭笑不得!

让我们看看这些教授是怎么样让我们哭笑不得的。

一位王文显教授,名字是中国人,但这个人是华侨,基本不会讲中国话,他的国籍是哪里也不知道。他能够用英语写剧本,英语非常好,从来没听他说过一句中国话,上课照本宣科,只念讲义,没有半句废话。下课铃一响,哪怕他这个句子读到一半,他夹起皮包就走。比如说今天咱们讲季羡林先生,他读到"咱们今天讲季",打铃走了。下节课上来,绝对严丝合缝接着往下讲，这也是位名教授。多少年以来，他的那本讲义绝对不改。

另一位叫温德教授，他是一位美国人，后来是在北大去世的，大概年龄在百岁左右。我二十世纪八十年代到北大读书的时候，他还健在。学生们为什么注意他呢？他配了一副眼镜，价值八十块大洋。这个温德教授在校园里走路的时候，经常像喝醉了一样的东撞西撞，东晃西晃，学生就不明白，没发现你温德教授喝酒，原来，这副八十块大洋的眼镜，左右镜片给装反了，他也不知道，就一路这么走。这个教授还是非常不错的。

还有一个女教授叫毕莲教授，她也是美国人。同样没有著作，也没有讲义，但是新进去的学生对她敬佩得不得了。为什么呢？她能够把英国文豪乔叟（Chaucer）的《坎特伯雷故事集》（Canterbury Tales）开头的部分倒背如流，那些学生都吓坏了，可是慢慢好几届的学生下来，一核对，她是不是就只会背这么几句啊，后来一试，除了开头一段别的都不会。所以学生就说这位教授还不如程咬金，因为程咬金有三板斧，毕莲教授就一板斧。

还有一位教法语的德国女教授叫华兰德，这个教授就更有意思了，极其简单的句子，她翻来覆去教，能够教你半个学期，学生厌烦，她也不在乎。而且她脾气极坏，每课必骂，学生回答错了那当然要骂，如果学生回答得准确无误，她更加生气，浑身发抖，面红耳赤，语无伦次，破口大骂。所有的学生都被她骂走了，只剩下季羡林先生和几个不怕被骂的学生，依然挺立在她的课堂上。到最后，连季先生他们也受不了了，季先生又发扬起他中学阶段曾经成功过的轰老师的办法，和那几位不怕骂的学生，一起起来顶撞她。从此以后，这华兰德教授再也不骂了，态度一下子就很好了。

系里还有两位德国教授也是各有特色，妙不可言。一位叫石坦安教授，他教书很认真，深受学生喜爱，但是谁都不明白他的特长在哪儿，说不清楚。另外一位是艾克，他取了一个非常优雅的名字叫艾锷风，这个人有学问，是德国的博士。他教你德语，但是讲英语。那么季羡林先生他们听着不对，就问他，您能不能用德语教。这位艾克教授就叽里咕噜用飞快的速度念了一大串德文，然后就问季羡林先生，这个话什么意思？你们听懂了吗？把季先生他们给吓的，回答 No！照道理你请教授用德文讲，你应该用德文回答我不懂，应该是 Nein，吓得季先生他们连 Nein 都不敢说，只能用英文回答他说 No，于是这个教授接着用英文开始教德文。

对这些洋教授，季先生不佩服。他曾经在《清华园日记》（季先生在清华大学读书时的日记已经出版了）的引言里面把这些教授作了一些总结。季先生的总结也很滑稽:"他们都有一些共同的特点:第一,不管是哪一国人,上课都讲英文;第二,他们都是男不娶,女不嫁;第三,除了翟孟生那一部书外,都没有任何著作,这在欧美大学中是无法想象的。在那里他们最高能得到助教,或者像德国的Lektor(外语讲师)。中国则一律教授之,此理殊不可解。"

这是季先生对他们的总结,明显对他们的评价不高。

在二十世纪三十年代,世界列强在旧中国都有着自己的势力范围,所以这些并无真才实学的洋人,才能混在清华大学这样的高等学府里当教授。那么在季羡林先生的眼里,当时的中国教授又是什么样的呢?

季羡林先生对西洋文学系的中国教授的看法和评价,也是十分复杂的。我们来具体看一下。首先是当时北大德语系主任,也在清华兼职的杨丙辰教授。季羡林先生对他的总的评价是,翻译过一些德国古典文学作品,没有什么学术论文,对待学生极好。这位杨教授教起书来,简直让人哭笑不得。比如我们知道,英语是ABCD,他怎么教学生发这个音呢?他跟学生讲,A是丹田里的一口气,那是很玄的,学生就拼命在丹田里找这口气。第二天教B,B是丹田里的一口气,学生就又到丹田里找那口气。所有的字母都是丹田里的一口气,所以学生把丹田搞得是又疼又痒,也不知道怎么发音。但是他对学生好在哪里呢?他考试打分随便到根本不负责任的地步。学生交给他的考卷,他看都不看,刚交他就打了分,那如果你在他旁边多待一会,他就会问你,您是不是不满意?那好,马上就给你个最高分。这就是杨教授。

还有一个,大名鼎鼎的叶公超教授,也是当时非常著名的新月派的诗人。对于这位后来当了大官的老师,季羡林先生的心情是非常复杂的。季羡林先生对叶先生比较不认同的是两个方面：第一，叶公超先生讲课的方式和态度。他上课从来不讲解，他怎么教呢？就教一个课文，他基本上用的是《傲慢与偏见》，然后就叫学生从第一排右手起，每个学生念一段，依次念下去。读了一段后，他一声令下：Stop！于是就停下了。他就问你，有什么问题吗？那大家觉得这样的教授不是很好吗？这教授是很好，问题是如果你一旦提出问题，他就一拍桌子，查字典去！没有任何解释。接着第二个再念，Stop！你有问题吗？有。查字典去！到最后就永远没有人提问题了。他教书就是这样一个态度。同时，季羡林先生对叶公超先生的名士派头颇有微词。叶先生非常洋派，他虽是留洋的学生，但是平时喜欢穿着非常考究的长衫。穿长衫也就罢了，他下面还一定穿一个绸子的裤子，裤腿用丝带扎紧，而且丝带的颜色和裤子的颜色绝对不会相同，非常鲜艳，不光是颜色鲜艳，这个丝带还打成非常美丽的蝴蝶结状，所以叶先生走起路来，腿脚上的两根丝带，两个蝴蝶结一颠一颠的。然后，叶先生的头发有时候光可鉴人，有时候像秋后枯草。对这种名士做派，季先生不赞同。

在季羡林先生的眼里，这位虽然有学问，但做派奇特的叶公超教授，算不上一位好老师。那么，在读清华大学期间，季羡林先生尊崇的教授都有哪几位呢？

季先生比较认同的是闻一多先生。闻一多先生也是名士，但是闻一多先生是怎么样的名士呢？闻一多先生上课的时候先掏出烟火，问诸位有抽烟的吗？那大家一般说不敢，我们都不抽，他就点起一支烟。他讲《楚辞》，每一次讲之前，开口都是这么一句话，"痛饮酒，熟读《离骚》，方得谓真名士！"他才开始讲课，这也是他的名士做派，但是季先生觉得这好。

还有一个就是俞平伯先生，研究《红楼梦》的。大家都知道，这个俞先生也是非常有意思。他上课的时候剃个光头，锃光瓦亮，然后他讲起古代诗词，比如讲李清照或者讲什么，他在这儿朗诵一遍，抑扬顿挫，然后说好，好，就是好。学生问他好在哪里？就是好。接着就念下一首，还是好，好，就是好。但是季先生对这两位教授的名士作派认为好，就是好。

季羡林先生认为吴宓教授才是西洋文学系最有学问的教授。吴宓教授是个非常特别的人，这个人本身就值得我们讲一个系列。季先生对他的评价是："反对白话文，主编《学衡》。古貌古心，待人诚恳。"

作为西洋文学系的教授，他也是留美的，哈佛毕业的，但是他非常擅长旧体诗词，他喜欢文言文，有《吴宓诗集》出版。这位在中国现代史和文化史上占有重要地位的人物在当时最著名的是他的恋爱。

他把自己的恋爱写成诗,公开发表,里边有些句子是非常著名的,比如说:"吴宓苦爱毛彦文,三洲人士共惊闻。"

吴宓苦苦爱着一个女士叫毛彦文,这是一位非常著名的女士,对中国的慈善事业作出过巨大贡献,她后来嫁给了当时的国务总理。"吴宓苦爱毛彦文,三洲人士共惊闻",哪三洲呢?欧洲、美洲、亚洲,这三洲的人都知道。

而清华学生,包括季先生在内也是很调皮的,胆敢将吴宓教授的恋爱诗翻译成白话。季先生到老还记得,吴先生经常会爱上非常美丽的女学生,他那时候又爱上一个叫亚北的女学生,他写了一首古体诗,而清华的学生就将它翻译成白话的打油诗,公然发表在清华周刊上，叫什么呢？"一见亚北貌似花，顺着秫秸往上爬。单独进攻忽失利，跟踪盯梢也挨刷。"后面三句忘了，最后一句叫"椎心泣血叫妈妈"。

季先生还记得，这位吴教授对学生的胡闹很宽厚，一笑置之。但是跟他同样的教授不能谈这个事情。他们有一位非常著名的哲学家、逻辑学家金岳霖，这是中国顶级的逻辑学家。清华的教授实在看不过，吴宓教授您不能把自己的恋爱史，这样广而告之吧，而且还牵涉学生，于是就委派逻辑研究最好的金岳霖教授去劝吴宓教授。哪知道这位金教授也是位书呆子，他就劝吴宓先生，说"恋爱是你个人的，好多私人的事情是不能广而告之的。比如，我们天天上厕所，这是我们的私事，我们并不告诉大家，我们每天都要上厕所。"吴宓先生大怒，"我的恋爱难道是上厕所吗？"就把金先生给赶出去了。吴先生是真正的大师级的学者，但这个人很真诚，就真到这个地步。所以，季羡林先生称吴先生为一个奇特的人，一个真正的人，对他非常尊重。

看了上面的描述，听了我的讲述，大家也许觉得有趣。但是大而言之，这并不能说明为什么从水木清华里能够走出那么多杰出的人才，也不能表明为什么清华学派能够在各个领域做出如此重大的贡献？小而言之，我上面的讲述，也不能说明为什么西洋文学系群星璀璨。季羡林先生曾经讲过："我也绝不是说，西洋文学系一无是处。这个系能够出像钱钟书和万家宝（曹禺）这样大师级的人物，必然有它的道理。"

所以，这是一个非常奇怪的现象，西洋文学系里竟然群星璀璨，人才辈出。

为什么西洋文学系的教授水平不高，但却培养出了像曹禺、季羡林先生这样的大师级人物呢？原来当时清华的精神是，学生可以自由选课，不一定只选本系的课程。那么，有哪几位著名的教授学者，对年轻的季羡林先生产生了巨大的影响呢？

陈寅恪先生，是一个传奇一般的天才学者，我希望有机会讲述他。他出身于晚清声名显赫、与中国近现代历史有非常密切关系的义宁陈家。义宁就是今天的江西修水。国学修养自然不必说，从少年时代起，游学日美欧顶级名校近二十年，跟从当时世界上最一流的学者研习各种古代文字，几乎达三十种之多。其中好多种在中国人中间他是第一个学的，而且好多种后来再也没有人学过。更加令人钦佩的是，他完全为了学问而学问，根本就不在乎什么学位，所以他什么学位都没有。但是他的名声很早就在国内学术界传开了，吴宓先生认为就古今中外所有学问而言，陈寅恪先生乃是最博学的。

陈寅恪先生的课给予季羡林先生的与其说是影响，还不如说是巨大的冲击。季羡林先生充满深情地回忆道："先生上课时，任何废话都不说，先在黑板上抄写资料，把黑板抄得满满的，然后再根据所抄的资料进行讲解分析；对一般人都不注意的地方提出崭新的见解，令人顿生石破天惊之感，仿佛酷暑饮冰，凉意遍体，茅塞顿开。听他讲课，简直是最高最纯的享受。"

这位陈寅恪先生中年以后，由于特别勤奋，双眼失明，但是他完全凭记忆，凭对中国古籍烂熟于胸的掌握，写出了一百多万字的《柳如是别传》。这是中国学术至高无上的经典。在他眼睛失明以后，由他的助教也是我的老师北京大学历史系的王永兴教授，在黑板上替他抄满一黑板的资料，陈先生坐着讲。因为他失明了，他不知道自己是面对着黑板还是背朝着学生。能够让季羡林先生这样的学生留下如此刻骨铭心感受的教授，又能够有几个人呢?

我自己今天也是位大学教师,看到季羡林先生这段话,经常会惶恐胆怯,提醒自己要以战战兢兢、如履薄冰的态度来准备讲课,绝不能马虎处之。

陈寅恪先生从学问上,从人品上,都对季羡林先生的一生产生了巨大的影响,季羡林先生后来执教几十载,也成为了一位深受学生尊重和热爱的著名教授。那么,季羡林先生提到的朱光潜教授是一位什么样的老师呢?

朱光潜教授也是出身书香门第,香港大学教育系毕业,英国硕士,法国博士,是著名的文艺理论家、美学家、翻译家、作家。我在北大读书的时候,朱光潜教授还健在。我还有幸陪同季羡林先生去给朱光潜先生的夫人拜年。在当时他刚回国不久,是北大的教授,但是也在清华兼课。他教的课是文艺心理学,其实就是美学。

季羡林先生对朱先生的风采有非常传神的描述："孟实先生的口才并不好，他不属于能言善辩一流，而且还似乎有点怕学生，讲课时眼睛总是往上翻，看着天花板上的某一个地方，不敢瞪着眼睛看学生。可他一句废话也不说，慢条斯理，操着安徽乡音很重的蓝青官话，讲着并不太容易理解的深奥玄虚的美学道理，句句仿佛都能钻入学生心中……他深通西方哲学和当时在西方流行的美学流派，而对中国旧的诗词又极娴熟。所以在课堂上引东证西或引西证东，触类旁通，头头是道，毫无牵强之处。我觉得，这才是真正的比较文学，比较诗学。这样的本领，在当时是凤毛麟角，到了今天，也不多见。他讲的许多理论，我终生难忘……"

好多研究季羡林先生的学者和传记作者，往往会忽略季先生下面这段讲述朱光潜先生的话："他显然同鲁迅先生所说的那一类，在外国把老子或庄子写成论文让洋人吓了一跳，回国后却偏又讲康德、黑格尔的教授，完全不可相提并论。"

为什么我要请大家特别注意这段话呢？因为他对季羡林先生实在太重要了。后面我会讲到，季羡林先生留学德国时就决心不拿和中国有关的任何题目做博士论文，而是直接进入当时欧洲人文学术的最前沿，这就是受朱光潜先生的影响。如果你到国外，不是为了追求学问，不是为了追求真理，不是为了满足自己求知的渴望，你仅仅是为拿一个博士学位，那么我告诉诸位，不难。你可以到国外去研究中国的一部小说，洋人看都还看不流利呢，你完全可以写一篇大论文。实际上当时有很多著名教授就是这么做的，在国外拿一个和中国相关的题目飞快地拿下了博士学位，回国以后大讲国外的康德、黑格尔，给大家留下了学贯中西的感觉。问题是，他是在东方贯西方，而在西方贯东方。真正的学者要有勇气和胆量,要有这种承担,在西方和西方学者在同一领域里一较高下,回到中国,应该和中国国学领域里的顶尖学者相互切磋。没有这种勇气,称不上顶尖的学者。

让季羡林先生感念终生的,当然不只这几位教授,还有许多中国现代文学史上的著名人物,都给大学时代的季羡林先生留下了深刻印象。那么,这些大师级的人物,和当时只是一个大学生的季羡林先生,都有些什么样的故事呢?

季羡林先生和冰心先生的缘分就很有意思。二十世纪二十年代,那时候季羡林先生还是个小学生的时候,冰心先生就已经蜚声文坛。季羡林先生就读清华时,冰心先生在燕京大学教国文和写作,同时在清华兼课。学生当中，当然有很多冰心女士的粉丝了，在那个年头也有粉丝。而季羡林先生和当时同属"清华四剑客"的李长之（他的小学同学）、林庚、吴组缃都是冰心先生的粉丝。看到冰心先生到清华来上课，他们都去旁听。当时的课堂水泄不通，走廊里也站满了人，大概都是追星族，去追冰心先生这颗非常灿烂的星。冰心先生当时三十出头，风度优雅非凡，谁知道她在上课的时候非常严厉。她满面冰霜，不露一丝笑意，一上讲台就非常严厉地说，凡是不选本课的同学统统给我出去，就吓得季羡林先生这几个号称是剑客的人落荒而逃没敢听，被冰心先生吓出去了。

到了二十世纪五十年代，季先生跟冰心先生已经很熟悉了，当初那么满面冰霜的冰心先生，已经变成了笑容可掬的佛一样的人物，非常温和了。季先生就笑着跟冰心先生谈起这次非常狼狈的经历，说我们当时都被您给吓出去了。冰心先生也被季先生逗乐了，笑着回答，早忘记了。是啊，在五十年代那已经是二十多年前的事情了。如果有人请季先生题字，季先生经常会写："知足知不足，有为有不为。"

这十个字。其实是冰心先生经常给人写的座右铭，从而影响了季先生。季先生把它作为自己的座右铭再为别人题写。

至于沈从文先生，季羡林先生对他的作品一直评价极高，对他非常尊敬。

沈从文先生也是中国近代史上一位学贯中西的文学大师，然而，季羡林先生对于沈从文先生的认同，却来自一件非常小的事情，这是一件什么事情呢？

有一件小事，给季羡林先生留下了毕生难忘的印象。有一次季先生去看沈从文先生,沈从文先生正好要解开一个包裹,而这个包裹是用麻绳捆扎得紧紧的。一般的人会怎么干?你是大教授,很优雅,叫助教去给剪开,或者自己拿起一把剪刀,慢条斯理把麻绳剪断了。而沈先生不是,一把抢过包裹,用牙把麻绳咬断了,这样有点粗野,有点蛮横,又野又土的举动却让季羡林先生大为欣赏。季羡林先生觉得,沈从文先生正是自己的同类人,所以他感到非常亲切。

正是在这些老师的教育、关心、帮助、影响和提拔下,季羡林先生在清华大学的四年时间里,发表了不少脍炙人口的散文和翻译作品,在当时的文坛开始崭露头角。尽管除了在非常特殊的岁月里,季先生没有写过东西以外,季先生的散文创作从来没有停止过,但是,清华时期发表的散文却是季羡林先生最最钟爱的。他曾经不止一次地对我讲,这样的文章他后来再也没有写出来过。

虽然西洋文学系的大多数教授似乎并不怎么样,可是季羡林先生专业学习的成绩却非常优秀,整个大学期间全部是优。他学习了英文、德文、法文,还学习了俄文和希腊文。大学的主要任务确实应该是学习,可是学习却不应该是大学生活的全部,那么,除了学习以外,季羡林先生的大学生活又是什么样子的呢?和今天我们的大学生活相比又有什么特别呢?

第七讲 清华四剑客

季先生瞧不起西洋文学系那些不学无术的洋教授，而对于陈寅恪教授、吴宓教授、朱光潜教授、冰心先生、沈从文先生等中国现代文学史上的著名学者、作家非常佩服。清华园最让季羡林先生难忘的，除了这些德高望重的教授之外，还有他最亲密的三个同学，他们自封为"清华四剑客"。四剑客并不在一个系就读，但他们不仅保持了毕生的友谊，而且每个人后来都成为了各自学术领域里的著名学者。"清华四剑客"都有着怎样的传奇故事？季羡林先生在清华学习期间还有一件最伤心的事是什么？

我们都知道，大学期间的年轻人的心理活动往往是非常复杂的，幻想力更是高度发达，特别是他可以非常敏感地感受到理想和现实之间存在的差距，以及这种差距所导致的一种非常剧烈的冲突。具体到季羡林先生身上，这种情况就特别明显。由于从小离开了自己的母亲，在叔父的严格要求和管教下成长起来，所以季羡林先生养成了一种极度内敛的自我意志或者自我压抑的性格。1933年9月的下旬，正在清华大学读书的季羡林先生，突然收到一封来自济南的电报，是由他的叔父发来的，电报只有四个字："母病速归。"季羡林先生惊呆了，他意识到了什么，但是，他不会允许自己往这个坏的结果方面去想，他赶紧买票赶回济南，又毫不停歇地赶回老家临清。一路上，季羡林的心紧紧地揪着，他思绪万千，从他后来的文献当中我们可以清楚地看到他内心的这种活动。他已经有整整八年没有见到自己的母亲了，在这八年里边，也就是说在季羡林先生进入初中、进入大学这八年期间，发生太多太多的事情，自己从一个懵懂，甚至非常顽劣的小孩，成长为一个连续六个学期甲等第一的全山东首屈一指的高才生，这个母亲知道吗？自己为了经济独立，可以早日尽孝，在高中毕业的时候，报考了邮政局，而没有被录取，这个母亲知道吗？自己在这八年里面已经结婚生子，可是，母亲还没有见过已经过门的儿媳妇。自己还有一年就将大学毕业，有一个深埋在自己心里的心愿，从来没有告诉过任何人，包括自己的叔父、自己的婶母，那就是大学一毕业就迎养自己的母亲，让祖孙三代和和睦睦、和和美美地生活在一起，用自己一份孝心报答苦难母亲的养育之恩，这一点母亲知道吗？这些问题都在季先生急匆匆地赶回老家的路上不停地浮现在他的脑海里。

季羡林先生急不可待地想见到母亲，他有多少话想当面告诉母亲，病危中的母亲也多么想最后看一眼自己日夜想念的独生儿子。那么，季羡林先生星夜兼程地赶回老家时，有没有见到母亲的最后一面呢？

尽管季羡林先生不惜一切以最快的速度赶回老家，却还是没有能够见上自己最亲爱的母亲最后一面。他所看见的只是停放在破败简陋的院子里的一口薄薄的棺材，而在棺材里面长眠着生他养他的母亲。一层薄薄的棺材板将儿子和母亲永远地隔绝在两个世界。季羡林先生当即哭倒在地，用头去撞击里面躺着母亲的棺材，他想以这种方式能够和自己的母亲永远生活在一起。

"看到了母亲的棺材，看到那简陋的屋子，我真想一头撞死在棺材上，随母亲于地下。我后悔，我真后悔，我千不该万不该离开了母亲。世界上无论什么名誉，什么地位，什么幸福，什么尊荣，都比不上待在母亲身边。"

而更加令我们今天的人觉得匪夷所思的是,就在这一次奔丧中,季羡林先生遇见了一件让他终生难忘的非常奇怪的事情。季羡林先生的母亲一个人孤苦伶仃地在老家生活,跟她往来最密的是邻里的宁大婶、宁大叔这么一家人。而季羡林先生回去奔丧的时候,有一天,他守在母亲的棺木旁边,突然听到院外宁大叔在叫他,就说:"喜子,你娘叫你!"季羡林先生的小名叫喜子,季先生听到这么一个呼唤他的声音以后就身不由己,不由自主地走出院子,而迎面就撞上宁大婶,而那个时候的宁大婶完全用季羡林先生母亲的腔调在叫:"喜子,娘想你啊!"这一幕场景季先生终生没忘。当然,季羡林先生知道,他遇见的这种场景就是民间几千年来相传不绝的一种现象——所谓的"撞客",尤其在北方农村有这个现象,南方也有这个说法,叫撞客,就是撞见了一种很奇异的事情。我们知道季羡林先生从来不是一个迷信的人，但是一直到今天，他都没有办法解释这件事情，我想，在他的内心深处，他是希望这件事情是真实的。

在留学德国期间，季羡林先生多次因为梦见母亲在半夜痛哭而醒。有一件事情可能大家都想不到，季羡林先生2007年已经九十六岁高龄，而且身体依然非常健康，我说大家想不到的是什么呢？因为季羡林先生的睡眠状况，从年轻到老，是非常非常地差，每天必须服用几倍于正常剂量的安眠药，他才能入睡几个小时，这个病根从根本上讲正是由于母亲的去世对他心灵和精神造成的巨大打击而留下来的。

虽然季羡林先生的母亲是一个普通的、一字不识的农村妇女，但在季先生的心里，自己的母亲是这个世界上最伟大、最可爱的人。那么母亲的去世，会给季羡林先生带来怎样的影响呢?

母亲的去世对季羡林先生造成的打击是怎么评价都不会过分的。季羡林先生的传记作者都认识到,在季羡林先生的母亲去世以后,季羡林先生毕生处在一种追悔当中,非常后悔,非常愧疚,毕生都摆脱不了这种追悔之情。从心理学的角度来看,对母亲极度的眷念和思念,使季羡林先生滋生出一种非常独特的恋母情结。我为什么在这恋母情结上会加上"非常独特"这么四个字呢?因为季羡林先生的恋母情结有一种超乎常人的博大内涵,只要我们去读季羡林先生的文章,会非常清楚地感受到,在季先生的笔下,祖国、母校、家乡都是女性的,他用一个儿子爱母亲这样一种心情、这样一种笔调、这样一种叙述方式来表达他对祖国、对家乡、对母校的爱。他的恋母情结慢慢地就拥有了一个非常博大的内涵。

奔丧回到清华以后，季羡林先生的心情是极度的暗淡。由于他性格原本就非常内向和自抑，就连最好的朋友也未必能够感受到母亲的去世对季羡林先生造成了多么沉重的打击。他有一位好朋友，跟季羡林先生是小学同学，是著名的清华四剑客之一，叫李长之。有一天，李先生收到了自己母亲的来信，不知道为什么，这个李先生暗自伤心，可能他也是思念自己的母亲吧，而季羡林先生作为李长之的好友，就去问李长之先生，你收到令堂大人的信怎么会伤心呢？哪知道这位李长之先生也是一个非常特别的人，他怎么回答季先生呢？他竟然回答季先生说你是没有母亲的人，我不愿意和你讲。这两个是好朋友，但是从中我们可以看到，李长之先生作为季先生非常好的朋友，也没有能够感受到母亲去世对季先生的打击有多么沉重，因为季先生不流露。如果他能感受到，是不可能这么回答季羡林先生的。从此以后，季羡林先生更是把散文创作视作自己完全的感情寄托。

尽管大学期间的季羡林先生外表非常内敛，很不擅长交际，但是哪一个大学生会没有自己的朋友？季先生和三位清华的同学，都是外系的，来往甚密，而且这四个年轻人在一起就自己给自己加了个封号，叫"清华四剑客"，这四个人保持了毕生的友谊。另外那三位都是谁呢？李长之、吴组缃、林庚，他们都比季羡林先生岁数大，都可以说是非常奇特的人物，后来也都成了各自领域里面的顶尖的学者。

俗话说，物以类聚，人以群分。李长之、吴组缃、林庚和季羡林先生都有哪些共同之处？又都各自有什么样的性格特征？他们为什么会自封为"清华四剑客"，四个好朋友又是怎样将友谊保持了一生呢？

他们怎么奇特呢？先说吴组缃先生。吴先生出生于一个很富裕的官宦世家，也是在中学就结了婚，而且很早就有了孩子。吴组缃先生读大学时读的是经济系，这大概跟大家后来想象的不一样，而且他是将家眷都带到北平来的。季羡林先生曾经开玩笑说现在你们年轻人流行什么留学陪读、伴读，这有什么稀奇，上世纪三十年代，吴先生早就把家眷接在身边一起读书了。用李长之先生的话讲，吴组缃先生是一位感伤主义者，非常地感伤。我们可以举个例子。李长之先生和季先生都非常喜欢吴组缃先生的女儿，小名叫小鸠子，六十年以后的1993年，季羡林先生去看吴先生，正巧小鸠子从四川回到北京来陪伴自己的父亲，而小鸠子那个时候已经六十多岁了，季羡林先生当然还是"小鸠子""小鸠子"这样叫她，而吴组缃先生在一边说，哎，已经是老鸠子了。

这就反映吴先生一直是很感伤的人。吴先生有很长一段时间和季羡林先生是邻居,都住在北京大学的朗润园,晚年的吴组缃先生是北大朗润园的一道非常独特的人文风景。吴先生总是头戴着一顶儿童的遮阳帽,独自坐在湖边的椅子上,很安静地看着这湖面,目送晚霞。而季羡林先生经常会从他后面走过。我也陪着季先生走过几次,季羡林先生从来都是很让人感动地微微一笑,绝对不会去打扰自己这位老朋友。而这位当年的"四剑客"之一,也是安安静静地看着季先生。

再说另外一位"剑客"林庚先生。林先生也是世家子弟,当时季先生觉得林先生人非常好,是一个像大孩子一样非常真诚的诗人。林先生是非常著名的诗人,在林先生的面前,你可以无话不谈,可以敞开自己的心扉。林庚先生很早就出版了自己的诗集,还曾经请季先生把他的诗翻译成外语。林庚先生和吴组缃先生一样,在五十年代院系调整的时候来到了北大,所以跟季先生一直是同事。季先生曾经参加了林庚先生九十岁生日庆祝活动,在会上,季先生用让所有的与会者都非常感动的语言,讲述了他们两个人半个多世纪的友谊。季先生曾经讲过,在清华同学的时候,有一天早晨,林先生突然跑过来,去敲另外三个"剑客"的门,为什么呢?因为林先生半夜想到了一句诗,他觉得这句诗实在很好,什么诗呢?

"破晓时天旁的水声,深林中老虎的眼睛"

这两句诗,林先生觉得很好,就敲门叫另外三个"剑客"赶快一起来欣赏。而有的时候这几位"剑客"也会对林先生的诗出点主意,有些主意今天看起来有点莫名其妙。比如有一次林先生写了一句诗,叫"袭来了什么什么"，而林先生又很高兴，觉得这句诗"袭来"蛮好，就去找"三剑客"。哪知道李长之先生不买账，说这个写得不好，我给你改一个字，就叫"笼来了什么什么"。李先生说这个改成笼来了什么什么多好啊，比你袭来了好多了。所以，这几个剑客在年轻时代是非常有意思的。而林先生到老都保持了一种非常清纯的童心，充满了少年精神。比如，有这么四句诗也是林先生写的：

"蓝天为路，阳光满屋，青春自然，划破边缘"。

这是林先生将近九十岁写的诗，完全像一个年轻的中学生、大学生的诗。这是非常了不起的。

爱伤感的吴组缃先生，毕生纯真的林庚先生，都有着鲜明的个性,而在"清华四剑客"之中,性格最独特、一生最坎坷的是李长之先生。这位"剑客"的独特性格给他的一生带来了什么样的遭遇呢?

李长之先生是季羡林先生的小学同学,可以说是季羡林先生最早的朋友,他们彼此之间是兄弟相称的。而两个人经常还闹点小矛盾,但是谁也离不开谁,就这么哥俩儿好了。李长之先生在这几位"剑客"当中是最特别的一位,他在北京大学读的预科,到清华大学读的什么系?大家也想不到,他是生物系的学生。他当时和季羡林先生有一个看法比较接近,就是认为自己的家庭供自己读书是一种投资行为,总归希望从他们身上收回投资。这个看法当然今天看来是不一定对。而李长之先生是一个性格极端、喜欢怪论、态度非常主观的人。有一天,季羡林先生到李先生的宿舍去看他,发现李先生的墙上挂了一幅细胞结构图。因为他是生物系，要画生物结构，这个图被老师改得满篇是红。季先生就问李先生这是怎么搞的。李先生说，细胞怎么能长成这样，按照我的观点细胞应该是很美的，所以我就按照我的想象画的细胞嘛！那你说这样的人怎么适合学生物？他不适合学生物。他在学生物的时候，只相信科学，认为什么哲学、文学，在科学面前都是不值得一提的。可是由于他的性格实在是一个不适合搞科学的人，所以不久以后，他就转到了哲学系。而李长之先生转到哲学系以后觉得科学没什么了，哲学最好，就是这样一个非常极端的人。而且，他还是一个率真到了极点的人。他当时公开地提出，我们这些年轻人应该来一个造名运动。要给自己造名望，把自己的名望抬起来。他的著作很多，比较著名的就有《鲁迅批判》《道教徒的诗人李白及其痛苦》《司马迁之人格与风格》。后来，李长之先生在北京师范大学工作。而当季羡林先生被评为学部委员，也就是今天的院士、一级教授的时候，李先生居然仅仅被评为副教授，为什么呢？就是因为他当年热衷造名，造出来的名给他带来了很多苦恼，主要是这部书——《鲁迅批判》。实际上，李长之先生这部《鲁迅批判》中的"批判"两个字的意思是从日文里来的，主要意思是什么呢？是鲁迅研究，根本没有后来我们讲的那种"大批判"的"批判"的意思。但是谁会去仔细看呢？所以李长之先生有一个非常著名的称号，叫"屡遭批判的批判家"，他后来一直被批判。季羡林先生跟他最后一次见面的时候，那也是在"文化大革命"以后，李先生的右手已经像鸡爪一样僵硬，没有办法活动。李长之先生一生坎坷，他去世的时候，季羡林先生正在国外访问，当时得到这个消息，季羡林先生是极度地悲痛。李长之先生是"清华四剑客"当中最早去世的一位。

季羡林先生在清华园里除了这几位朋友之外,还有几位来往比较多的同学,其中比较著名的有胡乔木先生。胡乔木先生在新中国成立后曾任重要领导职务,而季羡林先生一直同他保持着一种君子之交淡如水的友谊,这是一段什么样的故事呢?

长期担任毛泽东主席秘书的胡乔木,当时名字叫胡鼎新,先是就读于清华大学物理系,后来改入清华大学历史系,他和季羡林先生的友谊也开始于清华园。季羡林先生曾经专门写过一篇非常动感情的文章,叫《怀念乔木》,里面讲道,胡乔木先生比他还小一岁,大家都是清华的同学。而胡乔木当时在从事反对国民党统治的地下活动,他创办了一个工友子弟学校,就是为比较贫苦的人来补习的一个夜校,曾经叫季羡林先生去上课,季羡林当然是去上了课。有一天夜里,胡乔木先生摸黑坐在季羡林先生的床头说,"你出身那么贫苦,你应该参加革命活动啊,"希望季羡林先生能够跟着他一起参加革命。而季羡林先生说,他本人当然非常痛恨当时很腐败的国民党,但是当时第一觉悟低,第二实在怕风险,所以尽管胡乔木先生苦口婆心、反复劝说季羡林先生跟他一起革命,季羡林先生就是不点头,他不敢答应。季羡林先生仿佛看到他的眼睛在黑暗中闪光。最后,听胡乔木叹了一口气,离开了季羡林先生的房间。

当时在季羡林先生他们这些清华学生的脸盆里,或类似这种地方经常会看到油印的传单,谁都明白,就是胡乔木放的。但是没有一个人去出卖胡乔木先生。当然,后来胡乔木先生由于受国民党政府的通缉就跑到南方去了。胡乔木先生在1949年以后,恢复了和季羡林先生的联系。五十年代初,季羡林先生已经是北京大学东方语言系的系主任了，突然收到了一封从中南海寄出的信，而这封信开头是这样，"你还记得当年你有个清华的同学吗？今天的胡乔木，当年的胡鼎新。"后来通完这封信以后，胡乔木就受毛泽东主席的委托到北大找季羡林先生，转达了对当时北大东语系几位非常著名的教授（比如马坚教授，现在通行的汉文的《古兰经》的译本就是马坚教授翻译）的问候。他同时跟季羡林先生商量，由于当时的新中国急需东方语言研究的人才，无论是外交方面，还是文化方面，都急需这种人才，所以问季先生愿不愿意把南京的东方语专、中央大学的边政系、当时的边疆学院并入北大？那季羡林先生当然是愿意。今天北大东方语言文学系是非常小的一个系，而在五十年代是北京大学绝对的第一大系，曾经有过几千名学生同时在校，这也就是好多今天依然在我国外交战线、对外宣传战线、对外联络战线上担任领导的同志,好多著名的学者都是季羡林先生学生的缘故。而季羡林先生和胡乔木保持了终生的同学友谊,是君子之交淡如水,很平淡,但是非常隽永的一种感情,非常让人感动。

在二十世纪三十年代的清华园里,虽然有德高望重的教授,有感情真挚的同学,但旧中国腐朽的气息也不可避免地弥漫在清华园之中。年轻的季羡林先生当然十分不满。那么,季先生是如何来宣泄自己的不满之情呢?

在季羡林先生极度平静和极度自我控制的性格的表象下面,涌动着年轻的激情巨浪,完全超乎我们的想象。季羡林先生非常有性格,他在日记中所使用的语言相当地激烈。我可以给大家稍微地介绍一下,有的是对一些教授不满，他用的什么语言呢？"主任大写其红布条，摇其头，直其臂，神气十足，令人喷茶。"

我们知道季羡林先生当时在文坛上已经有了名声，所以他有机会参加好多当时名流的聚会。对出席的好多名流他也很不以为然，有这么一段日记："北平文艺界知名之士差不多全到了，有的像理发匠，有的像流氓，有的像政客，有的像罪囚，有的东招西呼，认识人，有的仰面朝天，一个也不理。"

这都是他日记当中一字不改的原话。他也不可能跟每个同学都要好，对一些自己看不上眼的同学，季羡林先生的话非常厉害。比如"没热情，没思想，死木头一块，没有生命力，丝毫也没有"。

这是对于一些同学的看法。他去上课，他会对和他一起听课的同学突然间也很不满，有这么一段话："早晨上了一课古代文学，有百余人之多，个个歪头斜眼，不成东西，真讨厌死了。"

这全是季先生日记里头的。而在他的日记里，我总结出一个句式，他经常用的，大概有几十次近百次之多。什么样的句式呢？叫"滑天下之大稽，笑天下之大话，糟天下之大糕，混天下之大蛋"。

这全是季先生日记里的话，所以他内心有一种极度的不满，但是他不会随便地表露，他只能在自己的日记当中排解。我们就更加能理解，大学时代季羡林先生有一种极度的精神上的痛苦，他对周边很不满，因为固然有些教授的确是有学问的学者，但是好多教授是混饭吃的。在当时的情况下，是由于当官不顺利，退回来当教授，随时准备再度出山去当官的，他们的兴趣根本不在于学问，也不在于教育。对于好多出身于富家的学生，他们热衷于跳舞啊，参加音乐会啊，热衷于谈恋爱，季先生当然也瞧不上，他们不好好读书，所以季先生也会不满。不过我想，这些非常激烈的语词往往是年轻的季羡林的激愤之词，未必足以代表季羡林先生的意见，我之所以在这里引用这些原话，无非是想说明，季羡林先生和我们一样，都年轻过，都激愤过，甚至在某种程度上都极端过。而今天的季羡林先生，早就已经是一个谦谦儒者，这是几十年来修身养性的结果，也是最值得我们学习的地方。那么季羡林先生的大学时代还有哪些有趣的事情呢？

第八讲 毕业进行曲

二十世纪三十年代的清华园里,不可避免地弥漫着旧中国腐朽的气息,青年季羡林先生把他的一切不满都宣泄在自己的日记里。转眼之间,四年的大学生活就要结束了,季羡林先生的出国之梦遥不可及,他和当时的许多大学生一样,面临着毕业就是失业的危险。但由于季先生在大学期间发表了很多的文章,在文学界已经小有名气,被中学的宋校长邀请回济南任中学国文老师。季先生是西洋文学系毕业的,他能否胜任一所重点中学的国文老师?他在任教期间都遇到了什么事情?又为什么失去了这份工作?

学习、交流、发表自己的习作,和自己谈得来的朋友相聚,这固然是大学生活的应有之义,但是这肯定不是大学生活的全部。年轻的大学生谁能够保证在自己的大学期间一直心如止水?哪个大学生没有一点自己的性格，或者特殊的爱好呢？

和所有的年轻人一样，季羡林先生在大学期间是一个铁杆球迷，几乎每球必看。他的日记当中经常自我检讨，他也觉得有点过分，比如说，有的时候他逃课去看球，觉得不对，球瘾实在太大，可是刚说完自己球瘾太大了，然后又说我非看不行。有时候还问自己，难道那么精彩的比赛我还能够在屋里头安坐吗？这样的语句在清华园日记当中也比比皆是。那么季羡林先生的体育成绩又怎么样呢？不好意思，和季羡林先生的数学一样，实在不怎么样。我这么说是有第一手材料的。一百米，当时的及格标准大概是十四点四秒，季羡林先生跑多少？最快一次十五秒。中长跑，当时跑一千六百米，一共四圈，而季羡林先生到了第二圈就想下来，好歹携着两条腿跑下来，头也晕，眼也花，还想吐，一切毛病全来，这是他自己的话。跳高，及格标准是四尺，季先生最高跳了三点七尺。篮球笑话百出，球一到手，立刻眼前发黑，分不清东西南北，乱投一气，这都是季先生对自己的评价。排球，他对自己的评价是技术坏到不可开交。所有清华要求的体育活动当中，季先生只有一项是及格的——跳远，刚刚到了及格线。那么，这就提醒我们注意一个很有趣的问题，我相信，大多数人都会很感兴趣。既然他当年的体育成绩如此之差，那么，为什么九十多岁高龄的季先生依然精神矍铄？这和他后来意识到自己的不足，以及决心加强体育锻炼是息息相关的。

季羡林先生2007年已经九十六岁高龄，仍然身体健康，这和他年轻时注重体育锻炼是否有关？他又是采取什么办法，选择什么体育项目来进行锻炼的呢？

季羡林先生选择了两项球类运动，一项居然是网球，当时非常时髦的网球。用他自己的话来讲，"我现在对网球突然发生极大的兴趣，我觉得其中有不可言之妙"。他去研究网球，结果这一打呢，打了个不亦乐乎，天天打得腰酸背疼。还有一项竟然是手球，他喜欢打手球。他自己讲，"对手球产生了极大的兴趣，我喜欢它的速度和紧张，又打个昏天黑地"。刚进北大的时候，我记得，有一次陪季羡林先生闲聊，他突然告诉我，说年轻时候我喜欢一样东西，他说你们现在年轻人想不到，我就问什么东西呢？季羡林先生说，手球。他怕我不知道，当时还用英语说，handball，这是现在都很少有人做的运动。就是靠了网球和手球，季羡林先生突然发现自己有半年居然不伤风了，在大学阶段也是靠运动才把他身体状况改变的。说到这里我对季羡林先生一句流传很广的话必须要做一点解释。作为当之无愧的老寿星，季羡林先生经常会被媒体，或者关心他的人问长寿的秘诀。这一般人都爱问，别说对九十多岁老人，对八十岁的人咱也得问问有什么长寿的秘诀吧，而季羡林先生的回答千篇一律，从来只有一种回答，叫什么？三不。哪三不呢？

不忌口，不嘀咕，不运动。

这个都是经常见于媒体的。那这得做一下解释。不忌口，这个很多人都很愿意听，我想吃啥就吃啥，那当然是很高兴的一件事情了。我非这个不能吃，那个不能吃，搞得很痛苦，大家听得进。不嘀咕，这个说起来简单，其实是很难。这是关乎个人修养的大问题，所以好多人也不去想它，我天性就爱嘀咕，一下子改不了，我也不听了。至于那个不运动，是大家争论最多，最不理解的。实际上听了上面的介绍以后，我相信大家都明白了，季羡林先生在年轻的时候不仅运动，而且还是高强度的运动迷。那么我们怎么来理解季羡林先生讲的长寿秘诀——不运动呢？实际上季羡林先生在离开清华大学以后的确是不运动了。但是他一直散步，在任何条件下，甚至在战火纷飞的留学欧洲的年间，他也坚持每天散步。到了晚年，只不过他后面多了几只猫跟他散步，那么这个"不运动"，只能理解为老年人不应该过度运动，特别是不应该为了运动而运动。我想这样才能比较好地理解大家很关心的这位老寿星的长寿秘诀。

大学的生活有痛苦也有欢乐，但短短四年的大学生活很快就结束了。青年季羡林先生当初之所以在清华大学诸多学科中选择西洋文学系，就是希望毕业后能够出国留学，那么季羡林先生能不能如愿以偿地出国留学呢？

1934年，带着全优的成绩，带着文坛上初起的名声，季羡林先生从清华大学西洋文学系毕业了，获得文学学士的学位，那么季羡林先生是不是马上就出国留学呢？难道留学不是他的梦想吗？难道他当初选择清华大学西洋文学系不就是因为那里留学比较便利吗？当时的中国，弥漫着丝毫不亚于今天的留学热，出国留学的益处、好处我想不必在这里讲，而渠道无非是两个：一个是私费，也就是私人自费出国留学，第二个当时叫官费，现在叫公费。说到私费，季羡林先生没有这个可能性。后者官费又分两种：一种是全国性的官费，比较有名的，比如留英的庚款，也就是英国拿一部分庚子赔款退还给中国，指定用于指派中国留学生到英国留学，这叫留英庚款。再比如留美庚款，也是美国把庚子赔款里面的相当一部分钱退还给中国，用于指定派中国留学生留美，这是全国性的官费。当时还有不少地方性的官费，比如每个省会拿出一点财政的拨款，资助学生留洋，这些官费都必须考试，而季羡林先生已经是考场健将，他丝毫不会惧怕考试。但是问题在于，第一，当时的官费名额很少；第二，在季先生毕业的那时候人文科学几乎少到没有的地步，官费留学的这条路对季先生来讲也是遥不可及，所以答案只能是没有。季羡林先生从清华大学毕业以后，并没有能够马上出国留学。季羡林先生的学术道路绝对不是一帆风顺，他确实是从清华毕业的，但是对于季羡林先生来讲，对于像他这样一个出身的孩子来讲，能够有从清华大学毕业的这一天已经不能不说是一个命运的意外，而在当时，毕业往往就是失业和待业的同义语，当时有句话叫毕业就失业，尤其是读西洋文学系的，季羡林先生遇见的情况比待业和失业更要困难。

好像是命运的一种安排，就在支撑完季羡林先生四年的大学学业以后，原来担任济南河务局小清河水文站站长的叔父失业了,而家庭的经济就在那一刻实际上是彻底的破产,完全没收入了。用季羡林先生自己的话来讲:"总而言之,我大学一毕业,立刻就倒了霉,留学无望,饭碗难抢;临渊羡鱼,有网难结;穷途痛哭,无地自容。"

这就是季羡林先生1934年清华大学毕业以后面临的状况。

供养自己上大学的叔父失业了,断了家中惟一的经济来源,而已经大学毕业的季羡林先生,却面对着出国无望、工作难寻的窘况。此时的青年季羡林,如何才能走出这人生的困境呢?

有一句话可以用到季羡林先生的身上,用到他的人生当中,就是天无绝人之路。

正在这个当口,他的母校省立济南高中一直在关注着季羡林这个自己学校毕业的高才生,就通过人向季羡林先生转达了请他回济南高中任教的意思。大家可别小看当时的高中教师的这个职位,我们先不说省立济南高中是全山东唯一的一所省立高级中学,在那个年代全国好多省,每个省只有一所高级中学,有的省还没有。当时教师的社会地位很高,高中老师的经济地位也是如此。省立济南高中的教员每个月是一百六十块大洋工资,是大学助教的两三倍,大学助教只不过是八十、六十块大洋。季羡林先生读清华的时候,他的老家临清县每年提供的奖学金每年是一百五十块大洋,而他到济南当高中老师一个月有一百六十块大洋,这在当时绝对是高工资。那么是谁给了季羡林先生这样一个出乎意料的好机会呢?他是一位中国现代教育史上被遗忘了的人物——宋还吾先生。这位老先生1894年出生,1938

年在抗日的烽火当中去世。宋先生原来叫宋锡珠，山东成武县人，他的父亲就是秀才。1918年，宋先生考入北京大学中文系，经历了五四运动。1922年毕业以后，回到山东省立第一师范文学专修科当老师，经常向学生介绍新思想。1926年，这位宋先生率领一些学生南下广州，在当时的中国国民党学术院接受了五个月的训练，同时随军北伐，加入国民党。这位宋还吾先生主编过《华北日报》。1928年，担任曲阜山东省第二师范学校校长，提倡民主，反对礼教，提倡新文化。就在这个阶段，发生了一件当时轰动全国的大事，使"宋还吾"这三个字家喻户晓。这件事情和孔子、《论语》有关。就在宋先生担任曲阜第二师范学校校长的时候，曲阜第二师范的学生和老师根据林语堂写的一个剧本《子见南子》，排了一个独幕剧，引起了曲阜孔氏家族一片哗然。他们以孔氏六十户，即孔家六十户的名义，向当时政府的教育部控告，由山东省教育厅受理。孔子族人对这个《子见南子》这个独幕剧中南子的歌词非常不满，说"丑态百出，亵渎备至，虽旧剧中之《大锯缸》《小寡妇上坟》，亦不是过"。《大锯缸》《小寡妇上坟》在老戏当中都是比较色情的戏了，你把南子描写成这样，那孔子成什么了，大家很愤怒。其实，这个唱词是有出处的，它出自哪里呢？出自《诗经·鄘风·桑中》，林语堂先生不是向壁虚造的，而且林语堂先生也没有侮辱圣人的意思。而这个宋还吾先生据理力争，是很了不起的人物，但是最后还是判宋先生输了，被撤职了，后来，由于宋先生的撤职很难服教育界、文化界众人之心，所以不久以后的1932年，宋先生出任了更为重要的济南高中的校长，这就有了他和季羡林先生的一段渊源。

青年季羡林先生毕业后正苦于找不到工作,宋还吾先生慧眼识珠,邀请季先生回母校任教。这应该是一件求之不得的大好事,但季先生听到这个消息后,心情却非常复杂,这是为什么呢?

季羡林先生在迷茫当中,在困惑和焦虑当中得到了母校要请自己回去教书这样一个消息,他的心情有点矛盾,有点复杂,一则以喜,一则以忧。喜的是,自己能够对已经陷入破产的家庭经济做一点自己的贡献,他担任中学教师有比较高的收入,同时可以让那些瞧不起他的人刮目相看。这个是他高兴的一面。忧的一面是什么?其实季羡林先生当时想,看样子出国留学这步棋是不可能了,他想留在清华读研究院,也就是我们今天讲的读研究生,能够延续自己已经开始的学术事业,而离开北平,回到济南任教,实际上就意味着学术生涯的结束，这一点他是很清楚的。

除此之外，还有一点，也让季先生感到有点担忧。母校省立济南高中请季先生回去教什么？他是西洋文学系毕业，是去教外语吗？不是，居然是请季先生回去教国文，也就是今天的语文。大家一定会问，好端端一个清华大学西洋文学系的毕业生，怎么请他去教国文呢？这也并不完全是一个误会。因为季羡林先生在大学期间发表了好多著名的散文，在文坛上引起广泛关注，这就起了意想不到的作用。当时的人有一种观念，能写文章就是作家，是作家就应该能教语文，类似的观念现在好多人也有，其实这是不对的，这是两回事。更何况，那个年代的高中国文岂是好教的，那个年代的高中国文水准是很高的，恐怕要远远高于今天大学中文系，所以季先生也担忧。不过当时季先生的现实处境容不得他犹豫，用他自己的话来讲就是"只要你敢请，那我就敢教"。

1934年6月底,季羡林先生回了一趟济南。7月初,两度拜访宋校长,落实了回自己母校担任高中语文老师的这件事情。季羡林先生的叔父当然是松了一口气,因为这个工作再怎么说比邮政局要好得多,当年高中毕业邮政局还没考取,现在读了四年清华,而且高中老师的收入、地位当然比邮政局要高,所以也很高兴。

季羡林先生当然从来就不是一个莽撞的人,他很负责任。他知道,省立济南高中国文老师的这个工作对他是一个巨大的挑战,必须事先做好充足的准备,绝不能掉以轻心。于是季羡林先生马上返回北平,一头扎进了清华大学的图书馆和琉璃厂,遇见自己没有把握的地方马上翻检各种辞书和字典。季羡林先生翻字典之勤是非常有名的,九十多岁时的季羡林先生还是经常翻字典。我作为季羡林先生的学生,就这一方面而言还差得很远。稍微有点模糊他都查字典，他绝对不会想"我自己那么大一个学者了，我那么大学问，我信手写，"他绝不干，连中文都是经常查字典，非常认真。

1934年8月11日，季羡林先生正式回到济南，也就是在这一年，他生平第一次登上泰山，这就为后来九十多岁的时候，季羡林先生写《泰山颂》种下了一颗种子。泰山在季羡林先生的心目当中一直具有神圣的象征意义，他用登泰山来庆祝自己大学生涯的结束，宣告自己教书生涯的开始。那么季羡林先生的高中教书生涯又是怎么一回事呢？是什么样子呢？

季羡林先生不仅是清华大学才华横溢的高才生，而且做事认真负责，以他的能力担任一名中学老师应该是绰绰有余的，然而，意想不到的事情却接二连三地发生了。季先生都遇到了一些什么事情？他又是怎么处理的呢？

首先，他发现，当年自己的老师，今天已经是自己的同事，已经成了饭碗的争夺者，似乎还莫名其妙地对他有点敌意。这些老教师当然不会把自己的心得、诀窍传授给这位新手，哪怕他是自己当年的学生，所以季羡林先生只有一个人摸索。幸好，老教师也并不全是如此，有的老教师还是帮他的，偶尔也会教他几招。举个例子，有一招就是一个老教师教给季先生的，非常地管用。什么招呢？大家知道，那个时候的学生的名字比今天要丰富，好多姓名是千奇百怪的，读音是很生僻古怪的，往往连字典上都没有。而上课是要点名的，如果老师看到一个学生名字不认识，字典上又查不到，如果你把他名字读错了，那你还能在学生当中有威信啊？你连学生的名字都不认得，你当什么老师啊？而这些名字又查不到，怎么办呢？有一个老教师传了季先生一手，说你点名的时候自己不认识那个字的名字就不点，点完以后就问，还有谁没点到吗？那个没有被点名的学生就会答："我没点到，老师。"你再问一声，"你叫什么呀？"答："我叫某某某。"这样你的面子就维持住了。这样的事情还真让季先生给遇上了。他教的三个班级每个班级都有两三个人，要么是姓，要么是名，字典上都查不到，所以没有老教师教他这一招，他当场就得撂在讲台上，学生一下子瞧不起你，所以这个奇怪的一招帮助季羡林先生渡过了职业生涯的第一个难关。我在北大读书的时候，季先生还很得意地跟我讲起过这一招，后来我点名的时候没用过，因为现在的学生的名字相对来讲用词比较简单，不像过去的名字那么丰富，所以还真的没有碰到过。

教师之间的关系如此地微妙而复杂，那么，季羡林先生和他的学生之间的关系怎么样呢？开始的时候也是危机四伏。有一次，季羡林先生在那里上课，突然有一个学生举手站起来，冲着季羡林先生讲："老师，我还比您大五岁呢。"接着就是嘿嘿笑两声，这是季羡林先生自己讲的。当时的高中生有二十多岁的是不稀奇的，而这个朝季先生笑两声的学生在老家是读私塾的，就是古书背得很多，应该是满腹古书，他瞧着你二十二三岁的一个老师来教我，又是西洋文学系毕业的，当然是不服的。而在当时的高中又有一个非常说不清、道不明的传统，就是一般人士认为你既然是老师你就应该无所不知。所以季羡林先生非常坦诚地讲，当时他教高中国文的时候有好多时候也只能是"王顾左右而言他"，因为没有办法，有的问题实在不一定能够扛得住学生的问的。然而，季羡林先生这位年轻的国文教师很快在学生当中建立起很高的威望，这回又是谁帮的忙呢？这回帮忙的不是哪个人，而是散文，依然是散文。季先生在担任高中国文教师的时候，不仅自己在一些著名的文学刊物上发表散文（自己的老师经常发表散文，学生当然是很崇拜的了）同时季羡林先生自己还应邀主编了一家大报纸的文学副刊，可以给自己的优秀学生提供一些发表的园地。季羡林先生就把当年郑振铎先生、叶公超先生对他的关心、对他的奖励拿来用到自己的高中学生的身上，推荐自己学生的习作发表。这样，当然他赢得了年纪本来就跟自己差不多的这些学生发自内心的爱戴，他和学生像伙伴一样相处，师生关系后来变得非常好。

家庭团聚了，职业既有社会地位，又有经济保障，按理说，总可以安安静静地过下去了。可是，麻烦和问题不久就来了。

当时的季羡林先生家庭团聚，工作顺利，一份中学老师的工资，再加上他经常发表文章的稿费，经济上也过得比较宽裕。这时候，季羡林先生会遇上什么麻烦呢？

问题还就是出在"安静"这两个字上。为什么这么说呢？难道安静还能出什么毛病吗？宋还吾校长固然是一个非常出色的教育家，但是，他也有自己需要解决的问题。济南高中作为山东全省唯一一所高级中学，他里面的教师历来分两派：一派叫北大派，以宋还吾先生为首，因为他毕业于北大。一派叫师大派，就是我们原来讲的北平师范大学的。这两派明争暗斗，斗得很厉害，而当时，宋还吾先生之所以请季羡林先生回母校任教，乃是因为他是清华出身，他可以不偏不倚，而宋校长想当然地以为，清华的和北大的比较好沟通，所以他就要季羡林先生出头组织一个叫省立高中毕业生同学会,来为他这个校长摇旗呐喊。可是,季羡林先生在这一方面真是一窍不通,辜负了宋校长的殷切希望,他把组织同学会当做是校长交给的一项任务认认真真地把同学会组织起来了,组织起来就不管了,也没有任何活动,成立仪式完了,同学会就搁在那儿了,那么宋还吾校长慢慢就觉得不对了,就对别人评价,评价什么呢——"羡林很安静"。

这"羡林很安静"五个字传到很安静的季羡林先生的耳朵里,就完全像是晴天霹雳,让他心惊胆战,他非常清楚,宋校长觉得自己看错人了。宋校长以为你已经是一个成名的作家,毕业于清华,在文坛已经有相当的名气,在北平经常参加名流的聚会,你难道还不懂我这点心思?而恰恰季羡林先生是真不懂。所以季羡林先生已经感受到宋还吾校长对他失望了。所以他自己讲,自己陷入了极度的恐惧,而就在这个当口,一件天大的好事居然又是毫无征兆地、不可思议地降临到季羡林先生的头上,而这件事情对于季羡林先生的意义绝对不亚于当年中头奖对他叔父的意义,这是什么事情呢?

第九讲　理想与现实

季羡林先生当年考上清华大学，之所以选择了西洋文学系，就是梦想着有一天能够出国留学，然而，残酷的现实彻底打破了青年季羡林的留学梦想。当时，年老的叔父已经失业，他面对现实回到济南，当了一名中学教师，成为全家老老少少惟一的经济支柱。就在他已经把留学梦深深地埋藏在心中之时，一个出国留学的机会突然出现在青年季羡林的面前。这是一个什么样的机会？青年季羡林先生能不能抓住这个机会？他又该如何面对家中年老的叔父和年幼的儿女？

正当季羡林先生陷入极度恐惧之时，也就是他觉得由于自己过于安静，不善于去参与这种复杂的人事纠缠，并且自己手上每月一百六十块大洋收入的金饭碗马上就可能失去的时候，一件好事意外地从天而降，这就是季羡林先生梦寐以求的出国留学。

我多次提到，出国留学是季羡林先生心中埋藏最深的一个梦想，只不过由于种种条件的限制，这个遥远的梦想总是无法实现而已。1934年的6月13日，季羡林先生即将大学毕业，他在日记当中写下这么一段誓言："最近我一心想去德国，现在去当然不可能。我想做几年事积几千块钱，非去一趟住三四年不成。我今自誓：倘今生不能到德国去，死不瞑目。"

这是他在大学临毕业前自己给自己发的一个誓言，郑重其事地把它记录在日记当中。回到济南高中任教，经济上有了保障，生活上安定，家庭也团聚了。可是，这并不意味着季羡林先生就此放弃了留学的梦想，无非是将这个梦想埋藏得更深罢了。就季羡林先生当时的经济状况而言，确实离出国留学非常遥远，那么，这个突然的机会又是怎么来的呢？

原来，清华大学和德国学术交换处，也就是著名的

DAAD，这个机构一直到今天依然存在，突然签了一个合同，中德之间交换留学生，食宿的费用彼此付给：中国为每一个德国来华留学生每个月提供三十块大洋，德国方面为每一个中国留德学生每个月提供一百二十马克，其余的路费、制装费等，各自负担，为期两年。要说起来，这个条件实在不怎么样，一百二十马克在当时刚刚够吃饭、住房子，还紧巴巴的，比起官费来，是一个天上一个地下。当时的官费是多少呢？每个月八百马克。也许大家还是没有什么概念，那么我给大家举个例子，二十世纪八十年代中期，当我留学德国的时候，我是公派出去的，我那时候每个月也是八百马克，时间已经差了五十多年，大家可以想想，当年的官费是多么高。

虽然条件并不怎么样，可是这已然是一个天赐良机，季羡林先生把这个机会比喻成是"救命稻草"。季羡林先生在清华的专业恰巧就是德语，而且四年八个优，所以他突然一听有这么一个合同，就赶紧报了一个名，而居然连考试都不要考就通知被录取了。因为季羡林先生四年八个优，不用再考，这一点也可以让我们清楚地看到，或者给我们后人一种启迪，是什么呢？那就是：机会永远只会留给准备好了的人。

如果自己平时不注重一点一滴的积累，没有准备好，就算机会来了，也落不到你的头上，而季羡林先生就是在大学四年准备好了。这当然令季羡林先生欣喜若狂，心中的梦想，心中的誓言眼看就可以成功，就可以实现，谁又不会不狂喜呢？可是，季羡林先生的狂喜又是那么的短暂，这是为什么呢？

多年的留学之梦马上就要实现了，季羡林先生当然非常高兴。然而，当时季羡林先生的叔父已经失业，儿女尚幼，自己一走，家里靠什么生活呢？家里人会同意自己出国留学吗？

这个时候的季羡林先生已经是整个季家上有老、下有小的家庭顶梁柱了，他不能只顾自己，必须和家人商量。那位季氏的家长，那位了不起的养育了、教育了季羡林先生的叔父，当时失业在家，已经步入自己的老年生活，正在享受着这个有出息的、有孝心的侄子给自己的回报，季先生的叔父完全将季先生的儿子、女儿看作是自己的亲孙子、亲孙女，彼此感情很深，老人家正是含饴弄孙、不亦乐乎的时候，就在自己可以安享晚年的当口，惟一的养家糊口的侄子竟然要放弃很不错的饭碗，再花上一大笔钱，毕竟还是要花很多钱的，远行万里，老人家接受得了吗？他会怎么想呢？季羡林先生的叔父季嗣诚先生的与众不同再次展现无遗。完全出乎季羡林先生的意料，老人带头表示倾家荡产、举债全力支持，家庭里其他成员的态度也都是如此，包括我的师母，已故的彭德华女士，刚刚和季羡林先生团聚一年。他们向季羡林先生表示，不就是两年吗？我们咬咬牙，过上两年紧日子，只要饿不死，我们终能等待你学成回来的那一天。叔父和家人如此地深明大义，他们的思想根源是什么？季羡林先生本人很清楚，他本人也不是没有这样的思想，说到底四个字，就是在当时人的脑海里的光宗耀祖。那为什么留学就特别能够光宗耀祖呢？我们要知道，在中国的传统文化当中，这个传统在二十世纪的三十年代依然拥有强大的生命力。在传统文化认为，科举成名立业，是最正当、最荣耀、最有功德的一件事，在当时人的心目当中，小学毕业等于秀才，高中毕业等于举人，大学毕业等于进士，留学等于翰林，而且是"洋翰林"，是读书人读到头了。这个观念，它的对错与否，我们没必要去讨论，当时大家就是这么想的，而季羡林先生的"洋翰林"的头衔眼看就可以到手了，所以家人拼了命也要支持。类似的思想不能说是不健康的。我个人认为，鼓励人们勤奋向学去追求知识，通过追求知识得到应有的荣誉是正当的人生途径。当然，今天的小学毕业哪里能比当年的秀才，今天的高中毕业岂能比当年的举人？那今天的大学毕业更不能比当年的进士。家人和季羡林先生意见完全一致，而周围的人看待季羡林先生的态度也发生了明显的变化。那位认为"羡林很安静"的宋校长，他的心理活动我们完全可以理解，除此以外，我相信，宋校长还是有爱才之心的，他主动带着季羡林先生去拜见当时的教育厅厅长何思远先生，希望能够从省里争取到一点资助。但是，又是"安静"害了季羡林先生，季羡林先生见到何厅长舌头打结，说不出话来，于是没有成功。季羡林先生很恼火,觉得自己这个"安静"的确害了自己,但是这位宋校长也为季先生觉得高兴,隆重地设宴欢送,并且相约,您过几年留学回来和我一起为振兴山东的教育共同做些事情。

出国留学的前途是令人兴奋的,但是眼前存在的问题却令人困惑。出国前就是做最简单的准备,也是需要钱的。省里的资助没有争取到,季先生家里也没有存款,钱的问题该怎么解决呢?

到了德国,我们知道,区区每个月的一百二十马克是不会有任何多余的钱的,两年间需要的东西最好是在国内置办。季羡林先生虽然每个月有一百六十块大洋的工资,但是,第一,工作时间很短;也就是一年;第二,他要负担整个家族的生活;第三,当然他自己平时还有一些应酬，所以他并没有什么结余。在这个时候，中国传统的家族友朋之情发生了巨大的作用。连借带凑，包括季羡林先生婶母的亲戚，包括季羡林先生夫人的亲戚，都尽己所能支持季羡林先生，勉强做了一些衣服，装了两个皮箱，季羡林先生就做好了留学的准备。1935年8月1日，季羡林先生离开了济南的家，那是一幕什么样的场景？还是请看季羡林先生的一段文字："临离家时，我思绪万端。叔父、婶母、德华（妻子），女儿婉如牵着德华的手，才出生几个月的延宗酣睡在母亲怀中，都送我到大门口。娇女、幼子，还不知道什么叫离别，也许还觉得好玩。双亲和德华是完全理解的。我眼里含着泪，硬把大量的眼泪压在肚子里，没有敢再看他们一眼（我相信，他们眼里也一定噙着泪珠），扭头上了洋车，只有大门楼上残砖败瓦的影子在我眼前一闪。"

大家一定注意到，中德交换留学生的协议规定时间是两年，那么，在季羡林先生和他的家人的心目当中，这场别离虽然痛苦，虽然要承担很多的苦难，但是，至多也只是两年而已。当时，谁都不知道，季羡林先生这一去就是将近十一年。我有时总是会想，假如当时都知道一去是将近十一年的话，季羡林先生还下得了走的决心吗？假如当时都知道，这将近十一年还远远不是平静的十一年，而是人类历史上最残酷的第二次世界大战战火纷飞的十一年，家人还会放心地让季羡林先生走吗？我想这些问题都是不会有答案的，也不需要有答案的。季羡林先生离开济南来到北平办理出国手续，当时的出国手续远远没有今天那么复杂。这期间在季羡林先生住的清华招待所，季先生第一次听到了别人对他的留学建议。季先生同屋的是一位清华的老学长，当时已经是保险公司的总经理，所以他也是出于好意劝季先生，你总算有机会到德国去留学了,我建议你学保险,学完了保险你要愿意回来,如果不嫌弃就可以到我这里来,可以挣好多钱。但是他哪里知道,这是和季羡林先生的愿望风马牛不相及的。季先生有一句话,初读起来很清楚,仔细一读觉得这个话蕴意很深。这是什么话呢?"我虽向无大志,可是对做官、经商,却决无兴趣,对发财也无追求。"这是他对老学长的一个回应。逗留北平的时间并不长,但是有一件很重要的事却发生在这次短暂的逗留期间里。什么事情呢?季羡林先生第一次也是最后一次见到了闻一多先生,等季羡林先生从德国回来,闻先生已经被特务暗杀了。

季羡林先生对闻一多先生非常地崇敬。我在北京大学读书的时候,有一次陪季羡林先生散步,经过北京大学大饭厅门口的空地,看见地上堆放着很多套闻一多全集,正在打很大的折扣。我们知道,季先生到了晚年是几乎不动怒的人，当时他突然脸色涨到通红，就生气了，对我讲，闻先生的书居然放到地上，居然还打这种折扣，简直是胡闹。所以季羡林先生当场命我把这一堆闻一多全集全部买下来，我现在的一套就是那一天季先生送给我的。在留学德国前这个短暂停留的时间里，季先生见到了闻一多先生。1935年8月31日，季羡林先生在当时的前门火车站，登上了列车。

多年的梦想终于实现了，青年季羡林先生终于登上了出国的列车。一个穷乡僻壤走出来的穷孩子，一个曾经让老师头疼的顽劣少年，十年寒窗苦，终于梦成真，此时此刻的青年季羡林先生，会是一种什么样的心情呢？

就在这一刹那，他说在他的脑海里突然涌现出一句没头没脑很奇怪的诗，叫什么呢？"万里投荒第二人"。

那么谁是第一人呢？这是一种类似玄奘出境时候的

心情，我这么推断不是没有依据的。季羡林先生一辈子写了那么多的文章，只用过一个笔名，叫什么？齐奘，用过一次。而这个笔名无非是两个意思，一个是齐鲁大地上的玄奘，第二个希望能够和玄奘比肩，无非这两层意思。那么，大家可以想想，季羡林先生在精神层面是否和玄奘有某种共通之处呢？

当时到德国没有飞机，坐船的时间又很长，而且也比较贵，火车就成了最好的选择，而从北平出发，在当时就必须经过伪满洲国了。季羡林先生对日本军国主义本来就深恶痛绝，所以对日本军国主义刺刀扶持下的伪满洲国绝对不会有好感。在火车经过伪满洲国境内的时候，季羡林先生就遇到了刺探他对伪满洲国看法的秘密警察，当时处境非常危险。幸好有些老先生告诉他，这一路要小心，不要轻易发表意见，所以躲过了这个劫难。

1935年9月2日的早晨,火车停靠在哈尔滨。当时去欧洲的火车在哈尔滨是必停的,由于火车一路要走将近十天,途中主要是穿越苏联,用餐非常昂贵,而且只能使用美元,所以很多人在哈尔滨就地购买食物,准备十天的路途用。哈尔滨有很多白俄开的铺子,专门满足这些乘火车去欧洲的人的需要。现在不知道还有没有这种店,你只要走进这样的商店,你跟白俄语言不通也不要紧,把车票给他一看,白俄马上拎出一个篮子,像套餐一样,里边是好几个大面包,每一个有七斤或者八斤重,就是几十斤面包,十天啊,还有一两条重七八斤的香肠,几斤奶酪、黄油,几个罐头,装在一个篮子里。

9月4日,季羡林先生登上由苏联经营的西伯利亚火车。5日,由满洲里出境。自此,季羡林先生生平第一次出国了,他的留学梦揭开了序幕。西伯利亚铁路是漫长的,而在这一路上,季羡林先生就是靠着这一篮子面包、香肠在那里过日子，途中就花了五毛美金买了一个他没有见过的巨大的松果。他在苏联境内看到这个松果那么大，从没见过那么节省的人，竟然拿出非常珍贵的五毛美金，所以由此可以看出季羡林先生这种浪漫的性格。

当时从哈尔滨到德国柏林，火车要走十天左右，在这样漫长的旅途中，青年季羡林先生是怎么度过的？和他同行的伴侣都有哪些著名的人士呢？

当时和季羡林先生一起的还有五个同伴，后来都是鼎鼎大名的人物，而其中有两个人，在各自领域里做出了杰出的贡献。一位是物理学家王竹溪先生，他后来担任过北大的副校长，培养出了一个世界闻名的研究生——杨振宁先生。也就是说，诺贝尔奖获得者杨振宁先生的研究生导师,就是跟季羡林先生同车留学的。还有一位,就是有名的乔冠华先生。乔冠华先生和同为江苏人的胡乔木先生,在革命年代并称南北两乔木,因为那时候大家用笔名都用乔木,只不过一个在北边一个在南边。这几位后来都是大名鼎鼎的人物,在当年可都是二十几岁的年轻人。长途旅行以聊天为最好的消遣方式,但这一路侃大山也有侃累的时候,他们怎么办呢?下象棋,跟谁下呢?跟王竹溪先生下,结果这一路没人赢他。后来这五个人急了,五个人一起跟王竹溪先生一个人下,也是一路输。王先生是个物理学家,脑子是非常非常好的,下不过他,这一路就在输棋中通过了西伯利亚。这一路,季羡林先生观察到了很多前所未见的东西。比如在波兰境内,车厢里突然进来了一位美丽的女孩子,名字叫 Wala(瓦拉),非常美丽,很可爱,然而季羡林先生注意到,他那个车厢里还有一位德国籍的中年男子，对这个美丽的瓦拉满脸的不屑。这是季先生第一次直接面对犹太人问题，这个瓦拉就是犹太女子，后来季羡林先生写下了一篇传诵一时的散文——《Wala》，就是来源于这次特殊的经历。9月14日凌晨四点，火车进入德国境内，八点，火车到达了终点——德国的首都柏林。

季羡林先生到达德国的时候，正是第二次世界大战的前夕，当时的德国已经在希特勒的法西斯统治之下。那么，季先生到德国后，都看到了些什么？都有哪些感受呢？

季羡林先生刚到德国时，没有感觉到德国人有任何的排外情绪，后来也一直没有类似的感受。这个很奇怪，我留学德国时也没有感到德国人有排外的情绪。那么大家不禁要问，希特勒不是在1933年就上台了吗？而季羡林先生到达德国是1935年，难道希特勒的法西斯统治竟然没有给季羡林先生留下任何的印象吗？那自然是不可能的。季羡林先生自己曾经说过：

"我是1935年到德国的，我一直看到他恶贯满盈，自杀身亡，几乎与他的政权相始终。"

当时的很多德国人已经用"希特勒万岁"打招呼，而中国留学生还是用传统的"早安""日安""晚安"打招呼，大家各行其是，互不干扰，也没什么冲突。按照希特勒《我的奋斗》这本书臭名昭著的说法，中国人和犹太人一样，都是劣等民族，不过关于中国人也是劣等民族的这种思想，德国人不感兴趣，德国的人民是不这么认为的。德国的人民认为，中国是遥远东方一个拥有悠久辉煌文化的神秘的国度，再加上德国人民的确普遍都有比较好的个人修养，所以起码在当初，实际上也一直贯穿着留德十年，季羡林先生对德国的观感是非常美好的。而相反，季羡林先生对当时在柏林的中国留学生的观感却是极其糟糕，这是为什么呢？

德国留学生当时是非常抢手的。中国留学生在德国留学，在三十年代，声誉是很高的，所以许多国民党的高官都把自己的子弟送往德国留学。他们中很多人不上课，连德语也不好好学，把那个吃、喝、玩、乐、赌博，甚至嫖妓这种习惯照搬到德国。在当时，这些人把毛巾牙刷都放在一个中餐馆里，每天早晨到中餐馆洗脸刷牙，该吃什么吃什么，上午出去逛街，中午再回来吃午饭，下午该逛街逛街，晚上回到中餐馆吃完饭，洗完脸刷完牙回去睡觉，或者去赌博，当时一大帮留学生是这样，留学回来连德文都不会讲。那么这样的留学生怎么会让季先生瞧得起？在1935年10月17日的日记当中，季先生这样讲道："在柏林看到不知道有多少中国学生，每人手里提着照相机，一脸满不在乎的神气。谈话，不是怎样去跳舞，就是国内某某人做了科长了，某某人做了司长了。不客气地说，我简直还没有看到一个像样的'人'。到今天我才真知道了留学生的真面目！"

季羡林先生受到那么强烈的刺激，他曾经打算写一本小说，叫《新留西外史》，来描写当时柏林的那群所谓的留学生的丑态，当然这部小说后来没有写成。

有多少像季羡林先生这样真正渴望学习的学子，想要出国留学，真是难上加难，而这些权贵子弟，却在这里醉生梦死。季羡林先生当然十分气愤。那么，青年季羡林先生，是怎样度过他的留学生涯的呢？

季羡林先生在柏林主要做什么呢？补习德语。我前面讲过，季羡林先生在清华学的就是德语，四年里八个优，可是口语这一关没过，为什么呢？大家知道，在清华当时都是用英文教书的，学德语也是用英语教的，所以季羡林先生德语虽然很好，但是无论是听还是讲，都没有过关。于是季羡林先生就和乔冠华先生一起，天天到柏林大学外国留学生德语班最高班去补德语。他们两个和那些所谓的留学生本来就格格不入，所以根本不来往。就季先生和乔冠华几乎是形影不离的，一起去听课，一起回家，一起看书，这样抓紧时间补习德语口语。这次补习对提高季羡林先生的德语口语水平起到了重要的作用。在很短的时间里，季羡林先生就解决了德语的口语和听力两大难题。柏林只是补习德语的临时的歇脚点，按照协议，补习德语完了以后要被分配到德国别的学校去，最早是准备把季羡林先生分配到东普鲁士的哥尼斯堡大学。但是，非常有意思，照道理这个大学是个鼎鼎著名的大学，然而鬼使神差，上万公里的路都走了过来的季羡林先生,居然觉得哥尼斯堡太远,他不去。后来经过几次三番的商量、协商,才决定把季羡林先生分配到同样很有名的哥廷根大学。这也是一所非常古老的大学,成立于中世纪。这真正是鬼使神差。因为如果不是到哥廷根大学的话,我们今天所能见到的季羡林先生就不是这个样子。为什么呢?到哥廷根大学深造影响了、决定了季羡林先生的一生。许多年以后,季羡林先生这样讲道:"人的一生实在非常复杂,因果交互影响。我的老师吴宓先生有两句诗:'错疑微似便成真,人事纷繁果造因。'这的确是很有见地的话,是参透了人生真谛才能道出的。如果我当年到了哥尼斯堡,那么我的人生道路就会同今天的截然不同……就连梵文和巴利文也不会去学。"这样季羡林今天会是什么样子呢?那只有天晓得了。

如果说到德国标志着季羡林先生进入了学习研究这

样一个学术小区的话，那么选择哥廷根大学可以说是进入了这个小区当中的一幢非常具体的楼。那么季羡林先生又是怎么会选择梵文、巴利文，佛教学和印度学，也就是说，他怎么在哥廷根大学这幢具体的大楼又进入房间呢？其中有什么波折？有什么意想不到的故事吗？

第十讲　留学在德国

季羡林先生在离开清华园一年之后，中德两国交换留学生，季羡林先生因为在学校期间成绩优秀，终于得到了这个难得的出国留学机会。虽然家里叔父年老失业，虽然一对儿女尚幼，但全家人倾力支持季羡林先生出国留学。多年的梦想终于成真了，青年季羡林来到了梦想中的德国，并选择了哥廷根大学。哥廷根大学为什么会被季先生称为学术的乐园、文化的净土？又是什么样的机缘，使季羡林先生选择了又冷僻又难学的梵文专业？而季先生又是怎么和梵文拼命的？

1935年的10月31日，季羡林先生从柏林来到哥廷根。我们知道，根据中德交换留学生协议的规定，原来的留学计划本来只有两年时间，但是由于各种机缘的巧合，谁也没有想到，季先生将在哥廷根这么一个美丽的小城一待就是十年。哥廷根是一座什么样的城市呢？它是一座非常小的城市，整个城市的居民人数不超过十万，而其中至少有两万到三万是哥廷根大学的大学生，完全可以说，哥廷根就是一座大学城。

哥廷根大学建立于中世纪，是欧洲非常古老的大学，有几百年的历史。哥廷根大学并没有一个像我们现在习惯的用围墙围起来的校园，学校的各个系、研究所都分散在城市里各个角落，它的大学生也几乎都是居住在当地居民的家里。因此，我们完全可以说，哥廷根的整个城市就洋溢着一种非常独特的文化氛围。季羡林先生称它是学术的乐园，文化的净土。哥廷根大学群星璀璨，大师辈出，我就举两个学科的例子：一个是数学，历史上最伟大的数学家之一，也是德国最伟大的数学家——高斯，就是哥廷根大学的教授。一个是文学，那哥廷根阵容之强大完全可以讲几天几夜都讲不完的，我就举一个例子，我们大家都知道的格林童话的作者格林兄弟就是哥廷根大学的教授。所以在哥廷根大学里边，各个领域都汇聚了一批当时在全世界声望卓著的学术大师。而在全德国，哥廷根是以它的风景特别美丽而闻名，山林密布，四季绿草如茵。这个地方的气候是冬天不冷，夏天也不热，哥廷根人大概是从来也不知道苍蝇、蚊子的，整个城市有一种魔幻般的色彩。城市中心是中世纪建筑，完好地保留着，一般都只有四五层楼高。这个城市以干净、清洁出名，大家知道能干净到什么地步吗？哥廷根的居民一直保持着这个传统，几百年，各自用猪鬃的刷子，用肥皂水刷洗自己门前的街道。所以在哥廷根有一句谚语，一碗汤打翻在地上你可以捧起来把它喝掉，或者你可以就地打个滚，但你沾不上灰尘，因为它的人行道甚至包括马路，是每天两次用肥皂水去刷的，所以这是一个非常干净的城市。而古老的城墙还保留着，城墙上长满了参天的橡树，人们生活在哥廷根,基本上就是生活在一个宁静的中世纪的欧洲小城。二十世纪八十年代,我到哥廷根的时候,依然如此,和季羡林先生到哥廷根的时候应该没有什么改变,它就是这样一座美丽的城市。

在这样一座美丽古朴的欧洲小城里,在这样一所没有围墙的学术乐园之中,青年季羡林先生会是一种什么样的心情?又将会怎样开始他的留学生活呢?

季羡林先生到了哥廷根以后租用了一个叫欧朴尔(Oppel)太太家的一个房子,在这个房子里,一住就是十年,从来没有搬过家。所以就跟这个欧朴尔太太慢慢形成一种母子一般的感情,在别离的时候是一幕很凄惨的场景。那么在哥廷根住下来的季羡林先生又是怎样一种心情呢?我想引用一段日记。日期是 1935 年 11

月 1 日，也就是季羡林先生到达哥廷根的第二天，这段日记是这么说的："德国是我的天堂，是我的理想国。我幻想德国有金黄色的阳光，有 Wahrheit（真），有 Schönheit（美）。我终于把梦捉住了，我到了德国。然而得到的是失望和空虚。我的一切希望都泡影似地幻化了去。然而，立刻又有新的梦浮起来。我梦想，我在哥廷根，在这比较长一点的安定的生活里，我能读一点书，读点古代有过光荣，而这光荣将永远不会消灭的文字。现在终于又来到哥廷根了。我不知道我能不能捉住这梦。其实又有谁知道呢？"

这是季羡林先生到了哥廷根的第二天留下的一段日记。这段文字清楚吗？猛一看觉得文字很清楚，其实仔细地读一遍，并不太好懂。但是这又是一段很重要的文字，必须明白它的真正意思。我想有三点必须予以强调：

第一,"我到了德国,然而得到的是失望和空虚。"季羡林先生为什么会这么说?那是因为他在柏林期间看见了那么多的酒醉金迷的所谓的中国留学生,完全不把对学术的追求、对知识的学习视做自己留学的目标,而是把留学仅仅当做一种镀金,所以季先生说,到了德国,他感到的是失望和空虚。

第二点,请大家特别注意这一句话:"读点古代有过光荣,而这光荣将永远不会消灭的文字。"

这句话为什么特别重要呢?因为它表明,季羡林先生的追求完全是为学术而学术,其中没有希望能够有立竿见影的回报以及经济效益,这些考虑在季羡林先生的留学生涯中完全没有。所以,他绝对不可能去学什么保险。

季羡林先生在追求学问的同时,实际上是在追寻着一种超越时空的永恒。为什么呢?因为这些古代有过光荣的文字将永不会消灭，这个可以理解。谁能说我们中国的《论语》《诗经》，它的光荣已经消灭了呢？谁能够说古希腊的、古罗马的那些神话、那些美丽的诗歌，它的光荣已经消灭了呢？谁能够说古印度那么多充满哲理、充满智慧的经典，它的光荣今天已经消灭了呢？

而第三，也许更重要的是，有另外一点，而这一点我必须坦率地说，我自己也没有能够理解。我到今天也觉得这是一个谜，但是我必须在这里提出来请大家务必予以留意，那就是这一句话："终于又来到哥廷根了。"

这里的"又"字，因为我们知道季羡林先生在此之前没有到过哥廷根，这是他第一次到哥廷根，那为什么会用这个"又"呢？难道是指他在梦里来过，或者他到了哥廷根突然发现，这是和自己的梦想完全一致的地方？季羡林先生是非常讲究用字的，他在这里非常突兀而奇怪地用了一个"又"字，我想我明白不了。

也许季羡林先生真的是在梦中到过美丽的哥廷根，也许正是这种"读点古代有过光荣，而这光荣将永远不会消灭的文字"的理想指引季先生来到了哥廷根。那么，到了哥廷根大学之后，季羡林先生刚开始选择的课程是什么呢？

季羡林先生是否一开始就选择了梵文、巴利文这样"古代有过光荣，而这光荣将永远不会消灭的文字"呢？其实并没有。在第一个学期，季羡林先生上了好多零碎的课。他这种求知欲太旺盛，到了德国有这个机会赶紧选课，除此以外，他主要选择的是希腊文，也就是说季羡林先生到了哥廷根最早学的是希腊文。那这是为什么呢？应该说季羡林先生有意学习古代文字，可是具体学哪一门，却没有定见。在柏林的时候，曾经有一位中国留学生劝季羡林先生应该去学在国内紧缺的希腊文和拉丁文。而到了哥廷根，季先生又认识了一位很重要的朋友，一位英年早逝的天才型的学者章用，他的父亲就是非常有名的"老虎总长"章士钊，在鲁迅的作品当中经常提到的。章用也认为季羡林先生学希腊文不错，而且建议季羡林先生只学希腊文，不要去学拉丁文，为什么？因为留学只有两年的短暂时光。季羡林先生接受了他的意见。德国的大学和中国的大学很不一样。不一样在哪里呢？它有绝对的自由。自由到什么地步啊？德国的中学毕业生都可以进大学，德国人从来没有听说过高考，你要跟德国人谈进大学要高考，他们会觉得简直莫名其妙。进了大学以后进什么系，听什么课一概无人管，完全可以迟到早退，也可以听到一半起身就走，从来没有课堂考试。有些课只要在开课之前请教授签字叫 Anmeldung（办理登记），学期结束也请教授签个字叫 Abmeldung，就没你的事了。而且可以随意转大学，这个大学读两个星期不愿意学就可以转到那个大学，没人管你。直到选定自己满意的大学和专业，就可以直接和教授接触了，请求参加教授所主持的研究班，教授观察你几年，觉得孺子可教，他就会给你一个博士论文题目，那么你把论文写出来，教授满意，你就可以举行论文答辩，就可以拿到博士学位。总之是完全由教授作主，教授来管理你。如果这个学生不打算做论文，那么只要他在经济上没有问题，就可以一直在大学待下去，这正是德国著名特产，叫永久的学生，Ewiger Student，永远不毕业的，几十年都是大学生，大概全世界只有德国有。照理说这样的教育风格是不可能给学生带来什么压力的，可是季羡林先生却感受到一种痛苦，这为什么呢？

哥廷根大学是学术的天堂，季羡林先生又是一位刻苦读书的学生。那么，使青年季羡林感到痛苦的原因会是什么？又是什么样的机缘，终于使季羡林先生解除了这种痛苦呢？

可能希腊文和季羡林先生实在是没有什么缘分。在那一段时间的日记里，经常可以看到季羡林先生非常痛苦的表达。我选一段日记，时间是1935年12月5日，就这段日记："学希腊文又成了一种绝大的痛苦。"

就是在这种痛苦的感觉之下，季羡林先生还是非常用功的一心一意地学习希腊文，但是他很迷茫。所以曾经有一段时间，季先生准备学古埃及文，也的确学了一点，越学越怪，越学越古。那么，季羡林先生又是怎么开始学习梵文的呢？因为今天如果离开了梵文研究，我们很难想象季羡林先生会是什么样子？他怎么会选择学习梵文的呢？这应该说有两个原因，一个是远因，一个是近因。远因是什么呢？在清华大学读书的时候，季羡林先生旁听过陈寅恪先生的课——"佛经翻译文学"，当时他就打算学梵文，但是，当时国内没有人开这个课。近因是一件非常有意思的巧事，季羡林先生刚刚到哥廷根的时候碰到一位湖南人，也在那里留学，叫龙丕炎，他是学冶金的，学炼钢、炼矿的。这个龙先生实在是学不下去，所以他就把施滕茨勒（Stenzler）著的一本梵文语法送给季羡林先生，而季羡林先生看到了这本书以后，又和章用先生商量，一下子激起他内心深处的和梵文的某种机缘、某种因缘，这一切在季羡林先生的心里扬起了巨浪。我还是用几段季羡林先生的日记，用他本人的话来说明这个问题。

1935年12月16日，季先生的日记讲："我又想到我终于非读Sanskrit（梵文）不行。中国文化受印度文化的影响太大了。我要对中印文化关系彻底研究一下，或能有所发明。在德国能把想学的几种文字学好，也就不虚此行了，尤其是 Sanskrit，回国后再想学，不但没有那样的机会，也没有那样的人。"

第二天，12月17日，季羡林先生又在日记里写道："我又想到 Sanskrit，我左思右想，觉得非学不行。"

从1936年往后七十余年，无论遇到什么样的艰难困苦、惊涛骇浪，季羡林先生再也没有动摇过自己的选择和信念。

梵文是所有语言中最古老，也是最难学习的语言之一，但梵文也是打开东方历史大门的重要钥匙之一，也许正是因为这种语言的古老和神秘，深深地吸引了季羡林先生。后来季羡林先生在学术上取得了很多重要的成果，而这一切的基础，就来源于这个时刻。

请大家记住这个日子。1936年的4月2日，季羡林先生上了平生第一次梵文课,也第一次见到了自己的"博士父亲"——瓦尔德施米特教授。因为在德国不叫博士导师,叫"博士父亲",他把你培养成博士,在学问上是可以做你父亲的。瓦尔德施米特教授是柏林最伟大的梵文学家海因里希·吕德斯(Heinrich Lüders)的学生,而瓦尔德施米特先生还有一个同学,就是陈寅恪先生,这是非常奇特的渊源。那么,这一堂梵文课一共有几个学生呢?答案是只有一个,就是季羡林先生。一个德国的梵文教授面对着一个来自遥远东方的留学生上了这一堂梵文课,只有一个学生,可见虽然德国有很悠久、很强大的研究传统,但是在德国学习梵文是太冷僻了。教授在那里待着几乎要采取一种守株待兔的心态来等学生了,学生不来你又不能把他抓来,不远万里来了个下定决心学梵文的中国学生,就是季羡林先生。梵文是全世界公认语法形态最为复杂的语言。复杂到什么地步？大家会觉得匪夷所思。我们知道好多语言有性，比如德文当中就有阴性、阳性、中性，梵文也有。好多语言有格，比如德语有四个格，但是梵文有八个格，梵文的过去时就有近十种，它有的非常奇怪。季羡林先生用什么语言来形容学习梵文的困难程度呢？五个字，"和梵文拼命"。

季羡林先生开始在哥廷根跟梵文拼命。

季羡林先生整天在研究所上课、读书，生活在表面上是平静的，可是，我们对现代史有非常粗浅了解的都知道，其实在这两年，无论是在欧洲还是在亚洲，整个世界就像坐在火山口上面，马上就要爆发了，这只不过是火山爆发前非常短暂的平静。虽然原定计划只不过是两年，但是，季羡林先生还是全力以赴地准备参加博士考试。这就不禁会使大家纳闷儿了，两年的时间读博士，说实在话你有再高的天资，再勤奋的学习态度，恐怕都是来不及的，而德国的博士是出名的难读的，那季羡林先生为什么念念不忘非要读一个博士呢？

要在短短的两年时间内拿到博士学位是很困难的，如果单纯为了拿博士学位，季先生当初为什么不选择一个容易的学科？选择了梵文这么难的学科，又为什么非要取得博士学位呢？

也许大家会说，这难道还成个问题吗？出去留学既然以学习为志业，难道不应该追求一个最高的学位吗？我这个问题提得有道理，为什么呢？因为季先生非要拿一个博士学位的理由很特别，他的理由跟别人不太一样。在季羡林先生的《留德十年》这部书里面有过这样一段话，回答了这个问题："我在国内时对某一些趾高气扬不可一世的留学生看不顺眼，窃以为他们也不过在外国炖了几年牛肉，一旦回国，在非留学生面前就摆起谱来了。但自己如果也不是留学生，则一表示不平，就会有人把自己看成一个吃不到葡萄而说葡萄酸的狐狸。我为了不当狐狸，必须出国，而且必须取得博士学位。这个动机，说起来十分可笑，然而却是真实的。"

这是一个伟大的学者说的非常平实的大白话，里面没有一句豪言壮语，但是说出了自己非常真实的内心世界。所以，季羡林先生虽然明明知道自己的留学时间只有两年，但他从来就没有按照两年的时间去安排他的学习计划，而是按照通过博士考试、取得博士学位来安排他的学习计划。

那么，德国对于攻读博士学位有什么特殊要求吗？有。这也是德国非常特别的地方。读博士学位，不能只读一科。比如说像好多国家读文学博士，甚至可以选读中国古典文学，而古典文学还能读两汉，别的书都不管。在德国不行,德国你必须有一门叫主系,有两门叫副系,三系你都要通过,它对你的知识面、知识基础有很高的要求。主系没有问题,季羡林先生选择的是梵文、巴利文等所谓的印度学,这没有问题。那么两门副系呢,照道理,既然你的时间只有两年,既然你的时间本来就不够,你这两门副系应该选自己基础最好的,以便节约时间,降低困难,尽快拿到博士。作为一个中国人你完全可以选一门中国研究,选门汉学嘛,很容易通过考试啊。然而,季羡林先生完全没有这么做,这一点是特别值得今天在校学习的朋友以及今天还在国外留学的朋友所学习的,是非常值得我们尊敬的。季羡林先生是怎么考虑的呢?

"当年我在国内患'留学热'而留学一事还渺茫如蓬莱三山的时候,我已经立下大誓:决不写有关中国的博士论文。鲁迅先生说过,有的中国留学生在国外用老子与庄子谋得了博士头衔,令洋人大吃一惊;然而回国后讲的却是康德、黑格尔。我鄙薄这种博士,决不步他们的后尘。现在到了德国,无论主系和副系决不同中国学沾边。"

这就体现出季羡林先生的一种执著精神,一种对学术的神圣的感情。

那么,季羡林先生究竟选了什么作为两门副系呢?刚开始的时候考虑的是英国语言学和德国语言学,还考虑过阿拉伯学,而季羡林先生确实学过阿拉伯语。最后季羡林先生连德国语言学都不学,因为是在留学德国嘛,他认为这是应该掌握的,所以他选了英国语言学和斯拉夫语言学。而按照德国的规定,选斯拉夫语言学可不是学一门俄语就可以的,你要学起码不少于三种的斯拉夫语言，所以季羡林先生除了俄语以外，还学了南斯拉夫语和塞尔维亚-克罗地亚语。为了达到这个要求，季羡林先生给自己加了多重的压力和负担，他给自己设立了多少也许在我们看来完全不必要的限制。

季羡林先生以惊人的毅力和勤奋努力学习着，然而平静的留学生活却被突然打乱了。1937年中国发生了"七七事变"，日本帝国主义的铁蹄踏上了中国的领土。那么，这一切会对远在德国留学的季羡林先生产生怎样的影响呢？

时间眨眼就到了1937年，季羡林先生学业大进，偶尔闯入这个领域的欧洲学生都和季羡林先生有相当大的差距，也就是说，季羡林先生在这方面的领先程度很大，德国的教授们都非常欣赏这位来自遥远中国的留学生。可是大家别忘了，1937年也就意味着季羡林先生两年的交换期到了，当然，这就等于季羡林先生必须回国，结束在德国的学业，而季羡林先生确实也在无奈地做回国的打算。季羡林先生选择的这个课题、选择这三个系的课难度实在太大，博士学位当然不可能在两年之内拿到，如此说来，博士学位又要和季羡林先生失之交臂了。但是，世事难料，已经不太平的世界终于出了大乱子，这是任何人无法预料的。1937年，国内"七七事变"爆发，中国被迫进入了全民族抗战。他的家乡不久就被日军占领，而季羡林先生和家人的联系断绝了，而纳粹德国又和日本形成了同盟。因此，季羡林先生的回国之路被彻底切断。已经没有选择，摆在季羡林先生面前只有滞留在德国这一条路，季羡林先生的心情是可想而知的。出国前家庭的经济状况已经是一塌糊涂，叔父失业在家，孩子幼小，为了自己出国全家承受了很大的债务，这一切都期待着他这个顶梁柱回去解决和偿还。可是，连书信的联系都断绝了，所以季羡林先生把"家书抵万金"这句古诗改成家书抵亿金。然而留在德国难道就那么容易吗？大家可别忘了，季羡林先生的经济来源到了1937年可是连每个月一百二十马克都没有了，彻底断绝了，摆在季羡林先生面前的就是这样一个进退两难的天大的困境，那么季羡林先生是怎么渡过这个难关的？怎么继续他的留学德国的这段生涯的？

第十一讲 峰回路转

1937年，按照原定的计划，季羡林先生的留德两年时间已到，而季羡林先生的博士学位还没有来得及拿到，当时突然爆发的全面的抗日战争，以及随之而来导致的这种国际形势的急剧变化，切断了季羡林先生回国之路，已经陷入绝境的季羡林先生只能在彷徨和焦虑当中等待。在这个时候，哥廷根大学汉学研究所的所长哈隆教授，一直在关注这位并没有选择汉学的中国留学生。他了解到季羡林先生这个情况，在关键的时候伸出援手，他邀请还没有拿到博士学位的季羡林先生到哥廷根大学的汉学研究所担任讲师。所以大家一定要知道，季羡林先生的大学教学生涯不应该从1946年回北京大学算起，而应该从1937年德国哥廷根大学开始。所以2007年应该是季羡林先生执教于大学的整整七十年。

这个机会对于季羡林先生来说当然是雪中送炭，他马上接受了这个聘请。这位教授是苏台德人，实际上应该是捷克人，所以他在本质上、在内心深处对希特勒是深恶痛绝的，因为捷克是被希特勒吞并的。在哥廷根本身是郁郁不得志的，他曾经讲过，他在哥廷根当了那么多年教授，只有两个真心的朋友，这两个朋友就是两个中国人，一个是季羡林先生，另一位是后来北京大学西方语言文学系德语专业的著名教授田德望先生。

从此以后，季羡林先生来回于梵学研究所和汉学研究所之间，当然，主要还是以梵学研究所为主。政府环境和生活环境急剧恶劣起来，可是季羡林先生心无旁骛，集中一切精力专注于自己的学业，每天凌晨起床。我们知道，一直到九十岁以前，季羡林先生都是每天四点半以前就起床，所以在北大校园里，亮起的第一盏灯是季羡林先生书房的台灯。在北大的校园里经常有人说，怎么叫闻鸡起舞呢？是鸡闻季先生而起舞，四点钟鸡还没有打鸣。在哥廷根期间，季羡林先生就是这样，每天四点多钟起床，在家里吃过简单的早点就从城东穿过全城到城西的梵文研究所，中午在外面简单地吃点东西，实际上很快就几乎没有东西可吃了。随着战争的进展，德国的物资供应又出现巨大的空缺。季先生从来没有午睡的概念，一直工作到下午六点，留德十年天天如此，非常机械的，像钟表一样的精确。季羡林先生的生活就是读书研究，同时要在汉学研究所讲一些课。

1937年，季羡林先生只有二十六岁，大家不禁要问，难道年轻的季羡林先生就没有任何的休息和娱乐吗？我不知道下面讲的这些算不算。二战开始，季羡林先生的导师瓦尔德施米特教授被征充军，他到德国的军队里去担任一个文职的职务，但是他定好的哥廷根歌剧院的包厢没有退掉，所以季羡林先生就陪着他的德国师母去听歌剧。这个算不算一种休息呢？我想恐怕不能算,这只不过是季羡林先生尊师重道的一种表现,因为瓦尔德施米特的独子战死在北欧,这个家庭其实已经破败,季羡林先生作为弟子、作为学生在照顾自己的师母。当然,也有一些留学生包括德国同学,带着季羡林先生去参加舞会,而季羡林先生只能是呆若木鸡地坐在那儿,因为据我所知季羡林先生什么舞都不会跳,这能叫做休息吗?我想至多是看几场电影,有时候实在是极度紧张,只好看几场电影,如此而已。整整的十年,除了一次到柏林,季羡林先生就没有离开过比我们中国一个镇大不了多少的哥廷根城,从来没有什么旅游、度假、休养、观光这类的概念。

到了第六个学期,瓦尔德施米特教授就和季羡林先生商量起博士论文的题目,决定的题目是非常专业的,叫"《大事》(Mahāvastu)偈陀部分的动词变化"。这个很专业,《大事》是古印度的一部梵文写成的经典,叫

Mahāvastu，非常重要的历史经典，季羡林先生就研究里边诗歌部分的动词变化。这是难度极大的一项工作，这个我们不具体介绍。经过几年的艰苦钻研，到1940年基本完成。1940年9月13日，论文打印完毕，经过瓦尔德施米特教授的同意，10月9日提交给文学院院长，为了利用瓦尔德施米特教授非常难得的回家休假这个空隙，所以就举行了博士答辩。由于当时是战争状态，也由于别的系的教授正好有生病住院，所以一个主系，两门副系，三个系并没有同时答辩。

1940年的12月23日，举行了梵文和斯拉夫语言学的答辩。这是个难忘的日子，应该说，这是久经考场的季羡林先生平生倒数第二次考试。这次考试却让这个屡考屡胜的季羡林先生心慌意乱，请看当天的日记，非常有意思。"早晨五点就醒来，心里只是想到考试，再也睡不着。七点起来吃过早点，又胡乱看了一阵书，心里极慌。九点半到大学办公处去。走在路上，像待决的囚徒。"很紧张，十二点考试结束，季先生留下的日记是什么呢？"心里极难过。此时，及格不及格倒不成问题了。"他觉得这个考试考得一塌糊涂啊，完全不知道自己能不能及格，这种慌乱一直持续到第二天。"心绪极乱。自己的论文不但Prof.Sieg、Prof.Waldschmidt认为极好，就连Prof.Krause也认为难得，满以为可以作一个很好的考试；但昨天俄文口试实在不佳。我所知道的他全不问，问的全非我所预备的。到现在想起来，心里还极难过。"实际上，季羡林先生的博士论文口试，也就是考试成绩到底如何呢？就在第二天，12月24日，也就是圣诞夜，季羡林先生的导师瓦尔德施米特教授邀请季羡林先生到家里过圣诞节。季羡林先生鼓足勇气准备问一下成绩，瓦尔德施米特教授当然明白自己这个得意弟子想些什么呢，一开门，就向季羡林先生表示恭喜，说你的论文 sehr gut（优），印度学（Indologie） sehr gut，斯拉夫语言也是 sehr gut。三门又是全优，而且是最好的优。那完全出乎季羡林先生的意料，他愣在那儿了。其实每一个经过严格考试的人经常会有这种感受，自己其实是完全准备好了，却在一时间出现空白，对自己的知识能力产生了前所未有的不自信。相反，那些准备的不怎么样的人特别容易自信，而对于这两类人来说，结果都是出乎意料的。我拿我自己高考做例子，1984年我参加高考，第一门考语文，考完语文我回到家里跟我父母讲，完了，语文肯定不及格，结果我的语文是100分，就能一天一地差到这个地步，所以有时候考试很难讲。而季羡林先生毫无疑问是属于前一类人。

1941年的2月19日，季羡林先生补了英国语言学的考试，这也是他一辈子最后一次被人考，从此往后他就专门考别人了。而这一次考试结果呢？又是 sehr gut。连论文带口试一共四个 sehr gut，也就是说，从高中阶段开始，一直到季羡林先生博士毕业，他再也没有拿过不是全优的成绩，没有，连良都没有。而此时此刻，季羡林先生心情又是如何呢？大家一定想知道，我想还是用季羡林先生的原话吧："我没有给中国人丢脸，可以告慰我亲爱的祖国，也可以告慰母亲在天之灵了。"他在当年的日记中就留下这么一段话。这个日记是写给自己看的，季羡林先生并不会想到，他这个日记会让大家都读到。这是多么朴实而动情的语言，季羡林先生在很多场合都说过，人的一生有两个母亲，一个是生我养我的母亲，一个是祖国母亲。很多人对这句话不太理解，看到这里，难道还需要解释吗？

季羡林先生的博士论文在专业领域里做出了极其重要的贡献，他所引发的全领域的讨论和振荡，一直到

2007年都没有停止。一篇博士论文,对人文科学最前端的领域产生的震动持续半个多世纪,这有几个人能做到?而且大家别忘了,季羡林先生所从事的领域是印欧古代语语言研究。打一个不恰当的比喻,不完全恰当,但是也不是没有道理的,就像一个黄头发、高鼻子的洋人来研究中国的甲骨文。而他在中国甲骨文领域里面写的一篇论文导致中国的学者半个多世纪必须讨论它,我想我只能用这种比喻来解释季羡林先生博士论文的重要贡献,不然的话太专业了。我就讲季先生一个很小的附录,是什么呢?是讨论一个语尾,也就是一词,梵语有个语尾,叫 mathe,而类似的语尾居然在古希腊文里也有,这是欧洲学者没有办法解释的一个语尾,古希腊文是欧洲的古代语言了,那么多年来没有办法解释,被季羡林先生在研究古印度文的一篇论文当中解决了,这种研究成果对研究印欧语系的比较语言学有突破性的意义。是谁作出这样的评断呢？下这个判断的人就是参加季羡林先生博士论文答辩的克劳泽教授，Prof.Krause，那么一个哥廷根大学的教授有资格下这样的判断吗？有！这个克劳泽教授是人类学术史上一个罕见的奇迹，是一个罕见的天才，他通晓几十种语言，而居然从出生开始就是盲人。他完全凭听力掌握了几十种语言，是语言学的大师级的人物。这个人还写过一本吐火罗语语法，全世界没几个人懂。他是一个先天的盲人，当他听到他的助手读到季羡林先生这一段附录的时候，拍案叫绝。照常理来讲，博士论文的完成，标志学习阶段的结束，同时也意味着独立的学术研究的开始，这个说法当然没有错，但是，具体地放到季羡林先生身上又不大对，为什么呢？因为季羡林先生由于一段非常特殊的机缘，在撰写博士论文的同时也在进行着别的领域的高难度的研究，也发表了重要的论文，而且还在博士论文之前。为什么会有这样的事情呢？因为战争的原因，季羡林先生在取得了博士学位以后，战火更烈，还是不能回国。他在德国进行了几年的研究，留德十年，季羡林先生完成了三部质量极高、分量很重的论著，分别发表在顶尖的学术丛书或者杂志，如德国东方学会会刊上面。

"熟悉德国学术界情况的人都知道，科学院院刊都是享有至高无上的权威的刊物，在上面发表文章者多为院士一级的学者。我以一个二十多岁至三十岁出头的毛头小伙子，竟能在上面发表文章，极为罕见。我能滥竽其中，得附骥尾，不能不感到光荣。可惜由于原文是德文，在国内，甚至我的学生和同行，读过那几篇论文的，为数甚少。介绍我的所谓'学术成就'的人，也大多不谈。说句老实话，我真感到多少有点遗憾，有点寂寞。"还有非常著名的哥廷根科学院院刊，这些论著不仅解决了具体的学术难题，而且都在相关领域的方法论层面上取得了重大的突破，因而具有典范的意义。尤其难能可贵的是，作为一个中国留学生，季羡林先生深入到当时西方人文科学的最前沿——印欧古典语言学领域，套用一句武打小说里常用的话，叫"攻城拔寨，扬名立万"，他在欧洲人最拿手、最关键的学术领域里做出重大贡献，这样的学术壮举不是说绝无仅有，那起码也是极其罕见的。

我在上面提到过，季羡林先生在留德期间遇到一件特殊的机缘，这到底是什么机缘呢？这就要从大家非常感兴趣的一个话题说起。大家都想知道，也都在揣测，季羡林先生到底懂多少种语言？似乎从来没有人明确统计过，为了作这个系列讲演，我认认真真地进行了一次统计。季羡林先生掌握的外国语言有英语、德语、法语、俄语、希腊语、拉丁语、阿拉伯语、南斯拉夫语、塞尔维亚-克罗地亚语、梵语、巴利语、吐火罗语，共计十二门，而这十二门里边梵文这一类底下还不止一种。那季羡林先生在梵文领域深入到什么地步呢？打个比方，比如说一个外国人，咱们说这个人中文真好，那我们一般是指他普通话很好，季羡林先生的梵文深入到底下的方言，深入到古代印度的各种俗语，梵文好比是古代印度的文言文，底下有好多方言俗语，季羡林先生起码接触过十种以上，所以严格地算，他掌握的外国语言应该在二十种左右，而里边包括了很多很困难的语言。

大家觉得其中最奇怪的一门，一定是吐火罗语，这到底是一门什么语言呢？它有什么样的价值呢？我只能用最简单的语言向大家作介绍，吐火罗语这门语言，到今天为止，连它的名字都不能说是完全确定的，也就是说它到底叫不叫吐火罗语现在都不敢百分之一百说有把握。它的发现和破解，是二十世纪世界学术史上一件大事,而破解者就是德国天才型的学者西克教授。有足够的语言学证据表明它是印欧语,而且是印欧语的西支语言,什么意思呢?就是说应该是欧洲那一边的语言,它是西部的一支语言,但是这门语言居然只有在中国新疆出土,在全世界别的地方没看到过。在那么遥远的东方,却出土了西方的一支语言,这当然是令人惊讶而无法解释的,而迄今为止也不见得就能很完美地解释,这就给语言学家、历史学家、人类学家等等诸多领域的专家出了一道世纪难题。换句话说,吐火罗语蕴含着一个极其巨大的学术秘密,而这个秘密到今天也没有完全破解,它可能会对我们人类既定的语言分类产生致命的冲击,什么意思?比如咱们讲汉语,汉语和藏语叫汉藏语系,印欧语叫印欧语系,语系下面有语族,它是一直往下分的,而吐火罗语突然冒出,搁哪儿都不合适,这就成了一个谜,那么季羡林先生是怎么学会这门语言的呢？

二战爆发以后，四十岁出头的瓦尔德施米特教授被征充军，哥廷根大学就没有梵文教授了，这个时候瓦尔德施米特的前任，早已经退休的西克教授，接着指导季羡林先生。而这位西克教授就是吐火罗语的破解者，当时西克教授已经年逾古稀，正和自己的老伴儿相依为命。西克教授和季羡林先生特别有缘分，一见季羡林先生，教授也不管季羡林先生愿意不愿意就表示要把最拿手的学问全部传授给他。季羡林先生那时候正在忙着写自己难度极大的博士论文，原来也没有这个精力，也没有这个打算再去开辟新的学术领域，但是面对这样一位慈祥的老人，季羡林先生觉得他像自己的祖父，他觉得不能去拒绝这位以知识和学术为生命的长者。而且他也知道，如果他不学，这位老先生如果要再等到一位传人的话还不知道等到什么时候，所以季先生毅然决然开辟了新的学术战场，跟随这位西克教授学吐火罗语。而不久，季羡林先生就在吐火罗语领域做出了重大的贡献。我们今天所知道汉文当中好多语言来自吐火罗语，比如弥勒佛，"弥勒"就是吐火罗语，根本不是梵文，"须弥"也是吐火罗语，我们讲印度的"恒河"也是吐火罗语，我们吃的"蜜"，"蜂蜜"的"蜜"也是吐火罗语，大家说"甜蜜的日子"，大家以为在讲中文啊？在讲吐火罗语啊，只不过它传进中国很久大家不知道罢了。这些研究都是季羡林先生研究出来的。他一进入这个领域，马上取得重大成果，因为我们知道，吐火罗语在那个时候刚刚破译没多久。好多词汇都不认识的，语法形式也没掌握，到了今天，季羡林先生早已是吐火罗语研究领域里辈分最高、成就最大、威望最高的学者。因为他是直接向破解者学的，我还必须指出，令我这样的不成才的学生汗颜的是，在全中国人口当中，季羡林先生仍然是唯一的一个有能力独立释读吐火罗语残卷的人。换句话说，一个将近百岁的老人，一个人支撑着吐火罗语文献出土地和发现地——中国在世界学术界的声誉，所以像我这样的学生是对不起老师的，我做不到，还没有能力解读。

我们知道在七十年代，新疆出土的中国最古老的剧本之一就是吐火罗语写的，新疆博物馆馆长把它送到北京大学，请季羡林先生释读，这是人类历史上发现的篇幅最大的吐火罗语文献，叫《弥勒会见记》。季羡林先生把它释读，把它翻译成了英语，还把它翻译成了汉语。如果没有季羡林先生，那这个文献可不就只能送国外请教外国学者了吗？所以我说季羡林先生一个人支撑着中国在这个领域的学术声望，这个一点都没有夸大，这是事实。因为没有第二个中国人有能力独立地去释读这个语言。

季羡林先生和瓦尔德施米特教授当然很有感情，和西克教授更是建立了一种祖孙一般的感情。季羡林先生曾经说过，西克教授是他平生遇到的中外老师中对他最爱护，感情最深，期望最大的老师，一直到今天，只要一想到西克教授，季先生的心就立即剧烈地跳动，老泪立刻就流淌。季羡林先生和西克教授的感情深到什么地步呢？还是看季羡林先生，1940年的10月13日的日记，"昨天买了一张Prof.Sieg的照片，放在桌子上，对着自己。这位老先生我真不知道应该怎样感激他。他简直有父亲或者祖父一般的慈祥。我一看到他的照片，心里就生出无穷的勇气，觉得自己对梵文应该拼命研究下去，不然简直对不住他。"德国大学所在的城市有这样一个非常优良的传统，学生可以在当地的照相馆里去买这个大学学业有成就的学者的照片，可以保存起来作为一种纪念或者放在自己的书桌上。季羡林先生专门去买了一张西克教授的照片，类似的记载在日记当中很多。西克教授发现季羡林先生拼命买书，生活很清苦，就主动去找大学校长为季羡林先生加工资。

1941年，季羡林先生取得博士学位后准备再度回国，西克教授急得是说话颤抖，脸色发红，他实在太喜欢、太欣赏季羡林先生这位得意弟子，他不惜一切要为留住季羡林先生创造条件，到处宣传季羡林先生的学术成就，不遗余力。大家可别忘了，那个时候的季羡林先生刚刚满三十岁。

在这里，我不能不为大家讲述的是，季羡林先生是如何尊敬西克教授的。那已经是德国最困难的时期，已经找不到什么食物了，都在吃代用品。季羡林先生发誓要为年老的西克教授增加一点营养，可这谈何容易。那个时候已经定量了，而且还是代用品的量，都是鱼骨粉啊那种没法吃的东西，惟一的办法就是从自己少得可怜的定量当中硬挤。季羡林先生硬是两个月没有吃一点奶油，费尽九牛二虎之力搞到一点面粉和一斤白糖，他自己都想不起来怎么搞到的，找到一家最有名的糕点店，请他们烤了一个蛋糕，这个蛋糕在当时的德国比黄金要珍贵一百倍。当西克教授听到敲门声，开门看到雪地里站着非常清瘦的一个中国学生，手上捧着这个蛋糕的时候，西克教授连话都说不出来，赶紧叫上自己的老伴儿一起从季先生手上接过这个蛋糕，连谢谢都忘了说。季羡林先生说，"这当然会在我腹中饥饿之火上又加了一把火。然而我心里是愉快的，成为我一生最愉快的回忆之一。"请问，难道季羡林先生这样的尊师重道不值得今天的我们好好去学习吗？

另外，我必须以最大的力量请大家注意，季羡林先生如此优秀的学习成绩，如此杰出的学术成就，可不是在安静的和平年代取得的，那是什么样的岁月啊？留德的前两年还算太平，越到后来情况越糟糕，我在这里就说两个方面，别的都不说。一个是轰炸，到了季羡林先生留学的后几年，美丽的哥廷根再也不是世外桃源，盟军地毯式的轰炸时刻威胁着这里人的生命。季羡林先生经常要逃空袭，跑的时候季羡林先生从来就只带自己的研究资料和一些成果，别的都不管。而我们一般人跑空袭，会注意什么？肯定逃命，而季羡林先生注意的是什么呢？这就显出他很独特的一面。他注意到，有两位举世闻名的德国的流体物理学家，像普兰特尔（Prandtl），这些老教授居然在轰炸的时候往轰炸现场跑，为什么呢？他们觉得，这种爆炸造成的破坏效果是在实验室里不可能有的，所以他们要利用这个难得的机会去进行科学实验的一线观察。季羡林先生还注意到，轰炸已经把玻璃完全震像碎了，整个桌面上布满了玻璃的碎块，而像自己祖父一样的西克教授，居然就是把玻璃给拨开，接着看自己的吐火罗语文献。季羡林先生在这种时刻，还在观察、思考、领会着德国学者的学术精神，并且将这种精神融入到自己的生命当中。

第二是饥饿，极度的饥饿。随着战争进程的推进，食物供应越来越匮乏，定量越来越少。季羡林先生饿到什么地步呢？我就给大家举一个例子。有一次，季羡林先生得了一个美差，什么美差呢？因为当时男性都被征用到前线去了，在哥廷根那边男劳力几乎没有了。季羡林先生是留学生，他不会被征用，所以当地的哥廷根的农民就找到了季羡林，请他帮忙摘苹果。采摘完苹果以后，当地的农民作为回报送给季羡林先生一大筐苹果，还有五六公斤土豆。季羡林先生已经饿得不行了，飞快跑到自己的房间里面，先把一筐苹果全吃了，再把五六公斤土豆煮熟了，一顿吃掉，而吃完了以后，居然还没有饱的感觉。季羡林先生梦里出现最多的两样东西，一是花生，他毕生爱吃花生，如果大家去看他，他也不管你喜欢不喜欢，一把花生，没有什么待客的。还有锅盔，这类东西他在梦里无数次梦见。季羡林先生亲口告诉过我，他在文章当中也写过，整整八年时间，他没有饱的感觉，再吃多少也都这样，都能吃，直到战后他去瑞士以后，花了好久才慢慢有了饱的感觉。

至于别的困难，比如和故国的彻底隔绝，对亲人极度的思念和牵挂，那是不用讲的。季羡林先生在这样的环境当中取得了不起的学术成就，我们难道不应该尊敬和钦佩吗？我们难道不应该从季羡林先生身上学到什么吗？哪怕不是梵文，哪怕不是吐火罗文，从这个意义上讲，季羡林先生留德十年所昭示给我们的难道仅仅是学术吗？

前面提到过，在两年交换期满的1937年，季羡林先生就准备回国，因为国内发生"七七事变"没有能够成行。获得博士学位以后不久的1941年，季羡林先生再度准备回国，然而德国政府又承认了汪精卫政权，国民党的公使馆已经被赶出，迁到瑞士了。季羡林先生绝无仅有的一次离开哥廷根到了柏林，他发现，根本不可能回国。没有办法，没有任何途径，他只能回到哥廷根，在不停的轰炸和无尽的饥饿当中继续自己高难度的学术研究，完成高水平的学术成果，苦苦等待战争的结束，等待着回到祖国的那一天。

就这样一直等到1945年春末，战局突然地急转直下，德国实际上已经没有力量再做任何有效的抵抗，季羡林先生再也不能等待，可是留下了无数回忆的哥廷根难道是说舍弃就舍弃的吗？季羡林先生很伤感地说道，"中国古代俗语说：千里（搭）凉棚，没有不散的筵席。人的一生就是这个样子。留恋之情，焉能免掉。西天无分，东土有根。留恋就让它留恋吧！但是留恋毕竟是有期限的。我是一个有国有家有父母有妻子的人,是我要走的时候了。"

美丽的哥廷根,那里有季羡林先生相处了十年的祖父般的师长,兄弟般的友朋,母亲般的房东,还有为他打印论文的德国姑娘。

季羡林先生不会打字,因为有很多稀奇古怪的文字,这些文字一般的打字机是打不出来的,要在上面加各种各样的符号,季羡林先生叫戴帽穿靴,有上面多一点,下面多一点。所以那个时候有一位德国姑娘为她打字,而这个姑娘爱上了季羡林先生,这位非常美丽的德国姑娘的爱情没有办法为季羡林先生所接受,这一切的一切都到了告别的时候。季羡林先生没有想到,或者说没有想到要等到那么晚,要到三十八年后的1983年,他七十二岁的时候才又一次地回到了哥廷根,他见到了已经住进养老院的自己的博士生导师瓦尔德施米特夫妇，他回到了自己居住过十年的房子。但是，他没有想到，当年深深爱上他这位中国留学生的美丽的德国姑娘实际上还健在，而且，还居住在哥廷根，没有搬过，就居住在当年为季羡林先生打论文的这间房子里。1945年9月24日，季羡林先生临回国前不久去了她家，这位德国女孩子名字叫伊姆加德，季羡林先生留下一段日记，"她劝我不要离开德国，她今天晚上特别活泼可爱，我真有点舍不得离开她。但又有什么办法？像我这样的一个人不配爱她这样美丽的女孩子。"1945年10月2日，就在季羡林先生即将动身离开哥廷根的前四天，又去了伊姆加德家，伊姆加德"只是依依不舍，令我不知怎样好"。这段美丽的感情，动乎情，止乎礼，可是在1983年，季羡林先生再次访问哥廷根的时候，却没有能够见上最后一面。

在1983年以后很多年，北大的一位学者，也是季羡林先生的学生,到德国去追寻季羡林先生当年的故事,竟然找到了依然健在的伊姆加德。当这位学者用现在的汉语拼音说季羡林先生,向伊姆加德报出这个名字的时候,伊姆加德茫然了,她不知道,因为现代的汉语拼音她怎么知道呢?当这位学者醒过神来,用季羡林先生当年的德语拼音报出来的时候,伊姆加德一刹那之间眼睛湿润了,那个时候,她已经是八十多岁的老人了。她马上回到里边的房间搬出她保存了几十年的、当年为季羡林先生打印博士论文和其他论文的老式打字机,留下一张照片。我看到过这张照片,季羡林先生也看到了这张照片。在照片上,这位美丽的德国姑娘现在已经是一位非常雍容华贵的一位老妇人,一身红衣,一头银发,端庄优雅,面前放着这架老式的打字机。那位北大学者后来告诉我,伊姆加德静静地听着他向她介绍,季羡林先生后来回到中国取得多大的成就,在中国如何受人尊重，丝毫都没觉得任何意外，她和哥廷根许多老人一样，他们早就确信，这位中国年轻人，这位和他们共同生活了十年之久的中国年轻人注定将是一位杰出的人物。伊姆加德终生未婚。

1945年10月6日，季羡林先生终于离开了哥廷根，坐吉普车前往瑞士，以后历经艰险，从法国马赛坐船，经过越南、香港，于1946年5月19日到达上海，回到了阔别十一年的祖国。从此，季羡林先生这个名字就和中国的教育史、学术史、文化史再也不可能分开了。

季羡林先生回到国内以后，他又面临着什么样的选择呢？他最后的决定是什么呢？

第十二讲 天高云淡

1946年，季羡林先生回到了阔别十一年之久的祖国，在踏上中国土地的那一刻，季羡林先生是怎么想的？请大家看一段季羡林先生的原话，"在这时候，祖国就在我前面，我想了很多很多。将近十一年的异域流离的生活就要结束了。这十一年的经历现在一幕一幕地又重新展现在我的眼前，千头万绪的思绪一时涌上心头。我多么希望向祖国母亲倾诉一番呀！但是，我能说些什么呢？十一年前，少不更事，怀着一腔热情，毅然去国，一是为了救国，二是为了镀金。原定只有两年，咬一咬牙就能够挺过来的。但是，我生不逢时，战火连绵，两年一下子变成了十一年。其间所遭遇的苦难与艰辛，挫折与委曲，现在连回想都不愿意回想。试想一想，天天空着肚子，死神时时威胁着自己；英美的飞机无时不在头顶上盘旋，死神的降临只在分秒之间。遭万劫而幸免，实九死而一生。在长达几年的时间内，家中一点信息都没有。亲老、妻少、子幼。在故乡的黄土堆里躺着我的母亲。她如有灵,怎能不为爱子担心!所有这一切心灵感情上的磨难,我多么盼望能有一天向我的祖国母亲倾诉一番。现在祖国就在眼前,倾诉的时间来到了。然而我能倾诉些什么呢?"季羡林先生靠在船舷上,心情比大海的波涛翻滚得还要厉害。"我在欧洲时曾几次幻想,当我见到祖国母亲时,我一定跪下来吻她,抚摩她,让热泪流个痛快。但是,我遇到了困难,我心中有了矛盾,我眼前有了阴影。"那这是怎么回事呢?发生了什么事,让季羡林先生的心情如此的动荡起伏?

大家可别忘记,1946年的中国是多么地乌烟瘴气,是多么地民怨沸腾,贪污腐败,一片世纪末日的景象。这一切,季羡林先生在回国途中经过越南西贡的时候,早已经从华侨和逃难者的嘴里听说了。那么,季羡林先生又是怎么来解决这个困难的?季羡林先生说,"所谓'祖国',本来含有两部分:一是山川大地;一是人。山川大地永远是美的,是我完完全全应该爱的。但是这样的人,我能爱吗?我能对这样一批人倾诉什么呢?俗语说,'儿不嫌娘丑,狗不嫌家贫',我的娘一点也不丑。可是这一群'劫收'人员,你能说他们不丑吗?你能不嫌他们吗?"这里的"劫收"人员是指接收大员,抗战胜利以后的这批国民党的官僚。所以季羡林先生是怀着很矛盾的心情回到当时的中国的。季羡林先生回到混乱一片的中国,这个出国十一年、留德十年的年轻博士,随身带回来除了已经破旧不堪的出国时做的衣服外,就是成箱的学术书籍。季羡林先生在德国没有再做过衣服。这些书有的相当昂贵,不少在今天已经是全中国独一无二的孤本。

季羡林先生刚回国的时候,晚上睡在老朋友李长之先生和臧克家——我们非常著名的诗人的办公室里,他们是季羡林先生的好朋友。他们的办公桌上白天别人要上班,季羡林先生只能上街无目的地闲逛,因为这段时间内战已经发生了,他回不到济南。那么这段时间的季羡林先生靠什么维持生活呢?在回国途经瑞士的时候,季羡林先生已经听说国内的混乱情况,于是就用仅有的一点积蓄买了一块欧米茄的金表,他随身带了回来。到了上海,这就成了非常稀罕的一个抢手货,季羡林先生把这手表给卖了,卖了十两黄金。而就在这个卖表的过程当中还发生了一件很有趣的事,特别能够彰显季羡林先生的人格。买他表的人,本来是采取一种骗术,因为这么一块表在当年的上海远远不止十两黄金,但是这个人大概由于是心急慌乱付给了季羡林先生十一两黄金,季羡林先生认为讲好是十两黄金,还费了好大的力气找到了这位买他表的人,把这一两黄金退还给了他。季羡林先生想方设法把这十两黄金中的大部分寄到了山东济南，这对于早已陷入困境的家人，应该是久旱逢甘霖，更重要的是，困在济南的家人知道，季羡林先生不仅还活着，而且安全地回到了上海，但是季羡林先生并没有办法马上回济南。

1946年5月，季羡林先生还在回国的路上或者是刚刚回到国内的时候，他就得到自己被北京大学聘用的消息。北京大学怎么会聘用清华大学出身的季羡林先生呢？为了回答这个问题，我必须用一些倒叙法。

1945年，陈寅恪先生去英国治疗眼睛。我们知道陈寅恪先生晚年是失明的，就是在失明的情况下写出了那么厚的《柳如是别传》，他完全凭记忆，真是个了不起的学者。季羡林先生得知这个消息以后，就从哥廷根发出一封信，向陈寅恪先生汇报自己学习、留学、研究、生活等等情况，并且把自己用德语发表在德国顶尖刊物上的论著寄了过去。季羡林先生在清华旁听过陈寅恪先生的课，但是当时并没有很多交往，这是季羡林先生和陈寅恪先生第一次直接联系。

而陈寅恪先生是在德国学过梵文的，他又和季羡林先生的导师瓦尔德施米特教授是同学，非常了解季羡林先生的学术研究的成果，以及在德国学术界所产生的巨大影响。他看见季羡林先生的来信，大为赞许，鼓励有加，明确表示愿意推荐季羡林先生到北京大学任教。季羡林先生回国了，而陈寅恪先生在英国治疗眼疾的手术失败了，到这个时候他彻底放弃了复明的希望。陈寅恪先生回到了南京，季羡林先生立刻从上海赶往南京，陈寅恪先生分别给当时的北京大学代理校长傅斯年先生（傅斯年先生正是季羡林先生山东聊城的老乡）、北京大学文学院院长汤用彤先生写了推荐信。陈寅恪先生为晚辈考虑得非常周到，嘱咐季羡林先生去拜见傅斯年先生的时候带上自己用德语发表的论文。傅先生也留学过德国，也懂德语。傅斯年先生是北大五四运动的游行总指挥，出生于聊城的状元门第，清朝开朝第一状元就是傅斯年先生的直系祖先。他对自己的同乡晚辈季羡林先生非常欣赏，但是他强调，尽管季羡林先生有欧洲一流大学哥廷根大学的博士学位，然而刚进北大只能当副教授，这是个规定。季羡林先生哪里还会在乎这个副字，正如郑振铎先生所说，能够到北京大学教梵文简直是理想的职业。工作落实了，可是正好是暑假，没有办法前去北大报到，由于内战，津浦路不通，又回不了济南的家，季羡林先生只能返回上海，焦急地等待。一直到那一年的深秋，1946年，季羡林先生才乘轮船先北上到秦皇岛，再坐火车抵达北平。第二天，季羡林先生拜见了汤用彤先生。汤用彤先生是哈佛大学出身，当年的"哈佛三杰"之一，曾经和陈寅恪先生一起在哈佛攻读梵文。老一辈的留洋学生汤用彤先生,一身朴素的传统的布衣袍褂,给季羡林先生留下了深刻的印象,也影响了季先生后来的穿着打扮。季先生年轻时候是穿西装的,从此往后一直是最朴素的布衣袍褂。

可是一件在全世界所有的大学里都非常罕见的事情又发生在了刚刚被北京大学聘用的季羡林先生身上,什么事情呢?季羡林先生刚刚当了一个星期的副教授,就接到汤用彤先生的通知,他已经被聘用为北京大学的正教授,并且被任命为北京大学东方语言系的主任,这在全世界大学的历史上大概是没有的,就是一个星期的副教授。季羡林先生当然明白,这是学术界前辈对他的提拔,而这个奇迹,实际上对季羡林先生的一生产生了重大的影响。这一步是很重要的,所以季羡林先生对几位学术界的前辈是终生感念的。除了季羡林先生的学术成就实在是太过于突出以外,这个奇迹的发生还有其他的原因吗？还是有的。北京大学早就有成立东方语言系的打算，但是一直找不到合适的领军人物，现在季羡林先生回来了，难道还有比季羡林先生更合适的人吗？这也是背后的原因。大家也许会说，三十五岁就评为正教授，季羡林先生真的是少年得志了。大家这种看法错了。为什么说错了呢？如果大家了解当时中国的教育界和学术界的情况就会明白。胡适二十六岁就是北京大学教授了，傅斯年先生三十岁就是中山大学教授，文学院院长；汤用彤先生二十九岁就是东南大学教授。那么大家会明白，其实季羡林先生如果从职称的角度讲，在那个年代是大器晚成，并不像大家以为的拿今天的标准去衡量是少年得志。那么季羡林先生在当时是否只有去北京大学的一条路吗？如果不是，他还有别的选择吗？这个选择会更好吗？季羡林先生会放弃那个选择吗？

大家一定还记得，1937年，当季羡林先生交换期满，却回不了国，又断绝了经济来源的时候，聘请他担任哥廷根大学汉学研究所讲师的哈隆教授，这位哈隆教授其实早就离开了哥廷根，早就到英国的剑桥大学担任汉学教授。他一直记着季羡林先生这位中国留学生。就在季羡林先生将要离开德国的时候，也或者就在季先生正在回国路上的时候，哈隆教授写信来了，邀请季羡林先生到剑桥大学担任教授，而季羡林先生当时确实也答应过，这个机会难道不比在混乱落后的中国担任一个副教授好吗？这是不必说的，那么季羡林先生为什么没有去呢？季羡林先生回国后，看到了亲老、家贫、子幼，实在是不忍心离开，所以就去信谢绝了哈隆教授的聘请。我有时会想，假如季羡林先生去了剑桥大学，可以百分之一百地肯定，他的学术成就还要大很多倍，可是，这还会是我们今天的季羡林先生吗？

我讲到这里大家一定会问，季羡林先生的家人呢？

他们是什么时候才见到季羡林先生的呢？当然，这里是应该为大家交待，与季羡林先生同样了不起的家人的情况。

1947年的暑假，他回国已经一年多了，季羡林先生费尽心力买到了飞机票（当时陆路交通已经是完全不通了），终于能够飞回他阔别了十二年的故乡济南。根据季羡林先生离家的时候才几个月，而季羡林先生回来时已经是十三岁的儿子季延宗先生（后来改名为季承）的回忆，我们可以了解到，季羡林先生回来前，他们家人是怎么样一个状态。"当他乘坐的飞机从北平起飞的时候，济南家里的空气就凝固了，大家什么都不做了，只等待那一时刻的到来。那是夏天，一天中午过后，在大门外探风的亲人忽然跑进院子里喊道，来了！来了！叔祖母急忙让我和姐姐到西屋的廊檐下站好。我向前院二门方向望去，只见一个和照片上很相像的年轻人走了进来，留着洋头，身穿土黄色风衣，里面是西服领带，足下是皮鞋，我和姐姐便大声叫爸爸。"而季羡林先生这么一个留洋十一年的博士，回到他老家以后，又是怎么样对待他的叔父的呢？

再看这么一段回忆，"他一直站在叔祖父的床前，恭立伺候，身上已经换了长衫，谈了一段时间，叔祖父一挥手说，歇着去吧，他才轻手轻脚地从屋里退出"。所以季羡林先生在传统道德方面一直恪守着传统里最优秀的部分。而季羡林先生带给自己儿女礼物也是充满了书卷气，在那么困难的年代，他带给儿女的礼物居然是每人一支高级金笔，而这一对笔，姐弟两个一直到高中才舍得使用。

这次季羡林先生回济南，还惹出了一件在当时轰动济南全城的事情。什么事情呢？当时国民党的山东省政府主席，大家还记得吗？"打进济南府，活捉王耀武"，就这个王耀武，很想网罗留学生为自己服务。但是这个王耀武，对美国留学生向来很反感，而特别喜欢德国留学生。当他知道就在自己统治下的济南有这么一位留德十年的博士的时候，他就派出一支浩浩荡荡的车队，前呼后拥，到季羡林先生已经破败不堪的家里，请季羡林先生赴宴。邻居们出于好心，都以为这下苦难的季家要出一个大官了。他们当然不知道，季羡林先生留德十年，目的难道是为了当官吗？他难道会去出任一个腐败政府的任何官职吗？

近年来，季羡林早就成了一个中国人都很熟悉的名字。大家都知道，他是北京大学的著名教授，印度学家、佛学家、翻译家、语言学家、教育家、作家，他精通多种外语，著作等身，并且至今笔耕不辍。正式出版的《季羡林文集》已经有皇皇二十四大卷，还远远没有收录完整。他博古通今，涉及的领域极其宽广，佛教语言学、佛教史、中外文化交流史、比较文学，多种语言的翻译，散文创作，都是他辛勤耕耘的园地，甚至连我们日常食用的糖都是他研究的对象。他发表了分量很重的一部书叫《糖史》。在这些领域里，季羡林先生都有重要的贡献，有些更是具有开创性的意义。学术界普遍认为，他是中国东方学的奠基者，他的巨大的学术成就得到了国内外学术界的极大尊重，为中国学术事业赢得了崇高的荣誉。早在1956年，他就已经是中国科学院哲学社会科学学部委员，也就是我们今天所说的院士。季羡林先生担任过北京大学的副校长、中国社会科学院和北京大学南亚研究所的所长。在1954年，他就开始当选并且连续当选为第二、三、四、五届全国政协委员。1983年，当选为第六届全国人民代表大会常务委员会委员。季羡林先生担任的全国性的学术团体的领导职务，比如中国语言学会会长、中国外国文学协会会长、中国比较文学学会会长、中国南亚学学会会长、中国外语教学研究会会长、中国敦煌吐鲁番学会会长等等，最多时候多达五六十个；他担任的学术杂志的主编最多时候也有五六十个，加在一起担任了上百个全国学术界的重要领导职务。

这一切都是辉煌无比的，而且大家感受到了一位长者、一位儒者、一位学者的季羡林先生的为人风范和人格魅力。要知道，这位留学德国十年的哲学博士，这位在当时已经为数极少，而现在已经是硕果仅存的文科一级教授，中国最高学府北京大学的副校长，全国人大常委会的委员，上百个全国学会的会长、杂志的主编，却一直像一位老农民一样的朴实。按照完全可以理解的世人的心态，这里难道不是存在着巨大的不和谐和反差吗？可是难道不也正是这种所谓的不和谐和反差，反而增加了人们对季羡林先生的崇敬之心吗？作为一位年高德劭的长者和学者，季羡林先生赢得了中国人的心，这是不争的事实。然而，相比之下，季羡林先生作为学者的一面却未必为大家所了解，就连北京大学的绝大部分的教师和学生也包括在内，大家主要是通过季羡林先生上百万字的散文随笔，数百万字的翻译作品，和不停发表的对宏观文化和社会发展的某些看法来了解季羡林先生作为学者的那一面，这当然没有错。但是，这只是停留在很不完全的表面。尽管季羡林先生的随笔散文真挚感人、脍炙人口，他主要的却绝对不是一位作家；尽管季羡林先生的翻译作品涉及古今中外好多种文字，其中还包括吐火罗语在内的死语言，但是，他主要的却绝对不是一位翻译家；尽管季羡林先生的一些宏观理论见解引起了全社会乃至国际社会的广泛关注和议论，被广为传播报道，他主要的却绝对不是一位理论家或评论家。对于这样的一种情况，我们究竟应该怎样去看？

季羡林先生曾公开表示辞去"学术泰斗"、"国学大师"和"国宝"之类的称谓,引起了全社会的广泛的关注,这固然是季羡林先生一贯的谦虚表现,但是也未必就不是反映出了季羡林先生的目光看穿了表面的热闹和红火,对背后的忘却和冷漠多少有点遗憾。我曾经在很多场合讲过,毕竟季羡林先生和我们身边的、和社区里的某一位慈祥、正直的老人还是有所不同,我为什么会这么说呢?道理其实也很简单,季羡林先生无疑已经是一位历史人物,是有其历史地位的。但是这个地位的确立首先因为他是一位杰出的学者,我们应该努力了解他在学术史、精神史方面的创作与贡献,"学术泰斗""国宝""国学大师"云云,这样的称呼并不重在反映专业学术的成果,我们可以不去讨论。实际上,就作为学者的季羡林先生而论,此类称谓也确实有未达一间的嫌疑。其实季羡林先生研究的主要领域并不是传统意义上的国学,他不从朝代史、制度史的角度研究历史,不关注严格意义上的经学,也不按照通行的"学术规范"来研究古代文学。通常我们所说的文、史、哲只能算是季羡林先生的"副业",那么季羡林先生的主要领域是什么呢?他的"看家本领"是什么呢?他又是凭借着什么样的重要贡献才会在国际学术界拥有如此高的声望和地位呢?用最简单的方式说,季羡林先生的主要领域,乃是以历史语言学和比较语言学的方法,研究梵文、巴利文、包括佛教混合梵文在内的多种古代语言,并由此解决印欧语言学和佛教学上的重大的难题。我在我自己写的《季门立雪》这本书的封底,特意标出一段话,我相信季羡林先生会认可,我是这么说的,"如果季羡林先生的学术研究有一条贯穿于其中的红线,那么,这条红线非印度古代语言莫属。无论是对于研究中印关系史、印度历史和文化、东方文化、佛教、比较文学和民间文学、吐火罗文、糖史还是翻译梵文等语种文学作品，先生在印度古代语言研究领域的工作、成就、造诣，都具有首要的、根本的重要性"。这是一个极其冷僻的专业领域，很少有人了解。大家对季羡林先生作为学者的一面有很大的隔膜，是一件毫不奇怪的事。

我曾经说这样的话，"季羡林先生最大的魅力，就是仿佛无法用堂皇的语言来说明他的魅力"。我这句话，也许会令很多人感到失望。但是，用在季羡林先生身上的形容词，最合适的大概是纯粹和平淡。季羡林先生当然不是神，也不是圣人。但是，作为一个穿过了那么长的历史年代的知识分子，最难能可贵的是，他保持了一生的清白和坦荡，任何人都无法对这一点有任何的指责和争论，该守望的、该坚持的东西，季羡林先生一样都没有放弃。老人家提出，中国文化对世界文化的最大贡献之一就是提出了和谐的观念。季羡林先生提倡并且倡导着，人应该追求自身的和谐，人应该追求内心的和谐，这样的一种思想，引起了广泛的共鸣。我们大家都知道，季羡林先生关于社会和谐、人与自然的和谐、人内心的自我和谐等等的重要意见受到了广泛的重视，并且被写进了最重要的会议的决议。

  我清楚地知道，并且也坚定地相信，我们的时代正需要像季羡林先生这样的世纪老人。在季羡林先生的身上，寄托了善良的人们太多的精神梦想。季羡林先生已经到了天高云淡的境界。我在想，当老人家知道了我今天所作的这十二讲的讲演，他会说什么呢？我几乎可以肯定，季羡林先生会说，"我是一个平凡的人，我的今天是勤奋加机遇、加才能的结果。"

图书在版编目(CIP)数据

寻路书生:季羡林的学生时代/钱文忠著.—上海:上海书店出版社,2022.9
ISBN 978-7-5458-2151-2

Ⅰ.①寻… Ⅱ.①钱… Ⅲ.①季羡林(1911-2009)-生平事迹 Ⅳ.①K825.5

中国版本图书馆 CIP 数据核字(2022)第 037627 号

责任编辑 俞诗逸 张 冉
封面设计 汪 昊

寻路书生:季羡林的学生时代

钱文忠 著

出 版	上海书店出版社
	(201101 上海市闵行区号景路 159 弄 C 座)
发 行	上海人民出版社发行中心
印 刷	浙江海虹彩色印务有限公司
开 本	787×1092 1/32
印 张	9.25
字 数	100,000
版 次	2022 年 9 月第 1 版
印 次	2022 年 9 月第 1 次印刷
ISBN 978-7-5458-2151-2/K·436	
定 价	68.00 元